JLA 図書館実践シリーズ 25

図書館多読への招待

酒井邦秀・西澤一 編著

日本図書館協会

Invitation to Tadoku at Libraries

(JLA Monograph Series for Library Practitioners ; 25)

図書館多読への招待　／　酒井邦秀, 西澤一編著. －　東京　：　日本図書館協会, 2014. －　186p　；　19cm. －　(JLA 図書館実践シリーズ　；　25)　－　ISBN978-4-8204-1404-9

t1. トショカン　タドク　ヘノ　ショウタイ　a1. サカイ, クニヒデ　a2. ニシザワ, ヒトシ　s1. 読書法　s2. 英語－学習書　s3. 図書館資料
① 015.6

はじめに

　「多読」(たどく) ということばを聞いたことがありますか？　多読は，筆者（酒井）が 2002 年 6 月に出版した『快読 100 万語！ペーパーバックへの道』(ちくま学芸文庫) の中で提案した外国語の身につけ方です。

　これまで，英文を読むには辞書と文法だけが頼りでした。けれども明治以来，それではほとんどの人はまったく英語を読めるようにはなりませんでした。

　筆者が提案した多読は，辞書と文法をどちらも捨ててしまいます。「多読三原則」を利用して読み進めていくのです。

　第一原則「辞書は引かない」
　第二原則「わからないところは飛ばす」
　第三原則「自分に合わないと思ったらやめて次の本に移る」

　出版当初は「外国語を勉強するのに辞書も文法もいらないだなんて，何という無茶な！」という反響がすべてでしたが，眉に唾つけながら「辞書なし，文法無視」で多読を始めた人の中で，たくさんの人が英語の読書を楽しめるようになりました。

　それはどうしてなのでしょう？　今までは，文法と単語を解釈して，英文を日本語に訳して理解していましたが，多読では絵本をゆっくり楽しみながら，たっぷり読みます。そうすると，知らないうちに英語を英語のまま理解し始めます。英語の学習ではなく，英語による読書になるのです。

　最初は字のない絵本です。それを何十冊か楽しんだ後は，英単

語の数が1ページ平均1つの絵本を読みます。それを何十冊か楽しんだ後は、同じく1ページ平均2つの絵本を読み進めます。それを何十冊か楽しんだ後は、1ページ平均3つ……。それから平均4つを何十冊、平均5つを何十冊……。

そんなふうに、とてもゆるやかな坂道をゆっくり景色を楽しみながら歩くように絵本を楽しんでいって、ふと気がつくとずいぶん高い峠に届いていて、「ああ、こんなに厚い洋書が楽しめた！」と自分に感動する……それが多読です。

ところが多読には大きな欠点が一つあります。大量の絵本や洋書がなければできないのです。つまりかなりお金がかかります。多読は2002年に日本で本格的な普及が始まって以来、数万人という人たちが試して、少なくとも数千人は洋書の読書を楽しむようになったと思われますが、多読用の図書はまだ手に入りにくく、日本全体には広がっていません。

そこで、全国の公立や学校の図書館が大きな役割を果たすことになります。近くの図書館に英語の多読用図書がたっぷりあれば、子どもから高齢者まで、英語の基本的な知識は必要とせずに英語に親しむことができるでしょう。日本中どこにいても読書を世界に広げることができるのです。

まだ数少ないとはいえ、公立図書館で多読用図書を備えて、多読の手引きとして多読サークルを開いているところがいくつか出てきました。だれでも、まったく予備知識なしに始められる多読を図書館の本で楽しみ、その楽しみを図書館で仲間と語り合えたら！——図書館は地域の人たちの外国語活動の中心になるはずです。

この本でぜひ図書館にかかわるみなさんがご自身で英語多読を試して，世界が広がる楽しさを体験してほしいと願っています。そして，その楽しさを図書館を訪れる利用者のみなさんに広げてほしいと願っています。

　英語の読書という冒険に一緒に旅立ちましょう！

酒井邦秀・西澤　一

追記 「NPO多言語多読」について

　この本は，酒井が前出の『快読100万語』で提案した多読に共感した豊田工業高等専門学校の西澤が，愛知県内の図書館に多読図書導入を働きかけ，その結果広がってきた図書館での多読をさらに全国に広めようと酒井邦秀が企画して制作しました。

　西澤は現在，豊田高専の教授，酒井は2012年まで東京の電気通信大学で英語を教え，現在はともに「NPO多言語多読」の会員です。このNPOの活動の一つに多読を世界のことばに広げる普及事業があり，その一環としてまずは英語と日本語の多読を図書館を通して広めたいと考えています。

　前述のように多読は2002年にまず英語について提案され，たくさんのやさしい英語の本が発掘されました。同年，多読に賛同する日本語教師が外国人のための日本語多読読み物を制作するために，「NPO日本語多読研究会」をつくりました（2013年には100冊を超えました）。2012年に英語多読関係者と一緒になって「NPO多言語多読」と改称しました。

　この「NPO多言語多読」の企画に賛同して原稿を寄せてくださ

ったのはおもに全国の図書館司書，職員です。それぞれの執筆部分の最後に名前と所属が記してあります。名前がなく始まっている文章は酒井による解説です。

　なお，原稿執筆は2013年春でした。おもにその当時の最新の状況を書いたものであることをお断りします。

目 次

はじめに　iii

●1章● 多読とは?
——だれでも始められる …………………… 1

1.1　多読はだれでも始められる　1
1.2　英語力はあっても，なくても，大丈夫
　　　——ゼロから英検1級まで　3
1.3　時間のない人も続けられる
　　　——待ち時間が楽しみ　4
1.4　いろいろな趣味につながる
　　　——読書，会話，インターネット大学　6
1.5　どのくらいの期間で?　7
1.6　絵本の力——ことばの本当の姿　8
1.7　費用の壁　10
1.8　多読する人を支える交流の場として…　11

●2章● 多読はどう始める?　どう進める? ……… 15

2.1　学校英語は苦しかった……!　15
2.2　多読はなにもかも正反対　16
2.3　大学の授業で失敗して方向転換　17
2.4　絵をみることから　20
2.5　親子多読への関心　29
2.6　多読をめぐる数々の疑問　31
2.7　一緒に歩む仲間……図書館を中心に　34
2.8　多読に向いた図書　35
2.9　多読用図書のレベル分けについて　43

目 次

●3章● 図書館の役割 …… 47

3.1 公立図書館の多読環境づくり　47
3.2 学校図書館の多読環境づくり　51
3.3 多読と学校司書の役割　54

●4章● 図書館多読
──いま公立図書館では …… 64

4.0 はじめに　64
4.1 愛知県の場合──図書館多読先進県　66
4.2 愛知県知多市立中央図書館　76
　■利用者の声／英文多読の楽しみ　89
4.3 岐阜県各務原市立中央図書館
　──「英文多読コーナー」設置までの足跡　91
　■利用者の声／やっぱり仲間がいてこそ!　99
　　　　　　　　多読支援も「楽しい」が一番!　100
4.4 東京都新宿区立四谷図書館　101
　■利用者の声／私の「多読ライフ」　109
4.5 公民館の英語多読クラブ　112
　■利用者の声／趣味として　119
　　　　　　　　英語に近づいたぞ!　119
4.6 インターネットを利用した図書館連携　120
　■利用者の声／tadoku navi(多読ナビ)感想　124
　　　　　　　　tadoku navi紹介　125

contents

●5章● 図書館多読
——いま学校図書館では ……………………………… 126

5.0 はじめに　126
5.1 豊田高専図書館　128
　■利用者の声／高専図書館での多読の楽しみ　135
　　　　　　　図書館で読みあさる至福の時　136
5.2 東京都立稔ヶ丘高校における図書館多読　136
　■利用者の声／多読授業について　149
　　　　　　　公開講座受講生の感想　150

●6章● 図書館多読の可能性 ……………………………… 151

6.0 はじめに　151
6.1 英語多読からtadokuへ，多言語多読へ　152
6.2 スペイン語多読へ　155
6.3 南カリフォルニア大学図書館における
　　日本語多読文庫の取り組み　158
6.4 日本語学習者に新しい世界を開く日本語多読　167

終わりに　176
資料編　179
事項索引　181

1章 多読とは？
——だれでも始められる

　多読の本格的な普及はまだ始まったばかり。できたてのほやほやと言ってよいと思います。わたし（酒井）が『快読100万語！ペーパーバックへの道』（ちくま学芸文庫）を出版して多読を提案したのは2002年の6月でしたが、そのころは多読を知る人はほとんどいませんでした。それ以前は、たとえばグーグルで「多読」を検索してもほとんど何もヒットしなかったでしょう。

　ところが2013年の秋には数百万件のヒットがあります。多読が広がって、個人でも学校でも多読を始めたからです。そして同じ年の12月13日に、「グローバル化に対応した英語教育改革実施計画」の中で、文部科学省（文科省）の正式文書としては初めて「多読」という用語が登場しました。10年と少し経って、ついに公教育への本格的普及が入口に立ったと言えそうです。

1.1 多読はだれでも始められる

　けれども、多読は学校の授業方法として始まったのではないのです。普及当初はおもに30代、40代のビジネスパーソンが個人的に効果を感じて報告を寄せてくれました。次に児童英語教室の先生たちが多読図書の読み聞かせをしました。

すると子どもたちが生き生きと英語を吸収することに気がつき，各地で多読支援の勉強会を開くようになりました。それが中学校，高等学校へと波及して，文科省の目に留まるまでになったわけです。

　10年とちょっとでそこまで広がった一つの理由は，「多読の取っつきやすさ」だと思われます。入口の幅がとても広いのです。その広さのゆえに，学校や公立図書館で多読用図書を借りたいという声が上がるようになったと言えるでしょう。そこで，どんなふうに入口が広いのか，いくつかの項目に分けてお話ししましょう。

　まず，年齢を問いません。

　「だれでも始められる」は大げさではありません。多読でよい変化があったと実感する人の年齢の幅を見てみましょう。実際とても広くて，2歳半の子どもから80歳を超える熟年層まで，多読を通じて英語とつきあい方が変わり，楽しく英語で読書しています。

　幼児から小学生の多読は，やさしい絵本をたっぷり読み聞かせてもらうことから始まります。保護者の膝でたくさんの絵本に触れた幼児が，小学校に入る前にバイリンガル同様になった例はすでにいくつか報告があります。小学生では読み聞かせを始めてから1年半で，同年齢のアメリカの小学生の読む本を楽しむようになった子どもを知っています。

　一方，多読開始最年長の現在80歳前後の人たちは，第二次世界大戦終了前後に中学校に入りました。英語の授業などあってないようなものだったことでしょう。それから60年間，英語とは無縁の暮らしをしていたのに，絵本から始めて，今ではとても楽しそうに大人向けの洋書を読んでいます。「NPO

多言語多読」のウェブサイトに体験談があります（http://tadoku.org）。

1.2 英語力はあっても，なくても，大丈夫
——ゼロから英検1級まで

年齢の幅がこんなに広いのは，多読の敷居がとても低いからだと思われます。始めるのに「英語力」は必要ないのです。知っている単語や文法もゼロから始められます。学校の成績も試験の点数も問題ではないし，多読を始めるときの「英語力」の幅も非常に広い——つまり「だれでも」始められます。

英語力ゼロの人は，絵本を読み始めてすぐに，英語が怖くなくなるようです。絵本という入口が「怖い英語」をやさしいものにしてくれるのでしょうね。まず怖くなくなって，次に「英語を勉強する」というより「絵本を英語で楽しむ」という感覚になります。

そうなればしめたもの。絵本を次々に読みたくなって，何百冊と楽しみます。辞書は一切引かないし，文法もまったく無視して読んでいきますが，次第に（頭ではなく）体に英語が貯まっていきます。辞書で調べたわけでもないのに，知っている単語が増えていきます。その語がどんな場面で使われるか，それが感覚的にわかるようになります。

多読は，いわゆる上級者にも効きます。日本で言われる「上級者」は英検準1級以上とか，TOEIC（Test of English for International Communication）860点以上などと，試験の点数で言われることが多いのですが，試験の点数が高くても，洋書は読めない，映画は字幕つき，会話は怖いという人がほとんど

です。

　そういう人たちがやさしい絵本から読書するようになると，場合によっては受験英語の蓄積が短い時間で「生きたことば」に生まれ変わることがあります（反対に受験英語が足かせになって，自然な英語に親しめない場合もあります）。

　そうすると，点数は高いけれども英語で本や映画や会話を「楽しむ」ことができなかった人たちがすっかり変身したようになります。

1.3　時間のない人も続けられる——待ち時間が楽しみ

　長時間集中して英語の本に浸ることも，ときにはあってよいと思いますが，長くは続かないものです。無理はしないのが多読流です。たとえ15分，30分という短い時間でも，「毎日やる！」と決めると逆効果になる場合があります。それよりは，読めるときには読む，読めないときには放っておく，つまり自分にノルマを課さない方が気持ちよく長く続けられる場合が多いようです。基本的には読書なので，会話学校に通ったり，決まった時間にテレビを見たりラジオを聞くのとは違います。時間も場所も読む本も，自分のペースで決めます。

　多読のための時間をわざわざとらない，あるいはこれまでの日本語の読書の時間の一部を英語の読書に代える——そのためにも，薄い英語の絵本や薄い挿絵本，少し厚めのペーパーバックをいつもバッグに入れておいて，バスを待つ5分，歯医者で順番を待つ20分と，そのときの気分で取り出して楽しみましょう。時間の幅も，場所の幅も融通のきくところも多読らしさです。日々の暮らしにはいろいろな「待ち時間」が

ありますが，多読を始めてそういう時間が苦にならなくなった，むしろ英語読書の時間として楽しみになったという人がたくさんいます。

　そんなふうに楽しんでいるうちに英語の「知識」も貯まるので，試験にも対処できます。報告はたくさんありますが，たとえば2014年の元旦には，

「年末の某局のビジネス英語クイズ全問即答正解!!　多読でこれぐらいいけます。」

というツイートがありました。これは，ほぼ英語力ゼロから多読を始めた40代の女性です。

　TOEICの点数が上がったという報告もたくさんありますが，筆者にとっていちばん衝撃的だったのは電気通信大学の授業で多読していた学生二人です。一人は大学入試センター試験の成績が200点満点中90点でしたが，4か月絵本ばかり読んだ後，6〜7歳向けの挿絵本を数十冊読んで，4か月後，TOEICで500点を超えたのでした。絵本ばかり300冊以上読んで，2年間で300点上昇した学生もいます（絵本の底力については後で書きます）。3例目はこの二人ほど衝撃的ではありませんが，高校のときは受験英語が得意だったけれども，電通大の英語の授業ではことごとく不可をもらった学生です。その後「多読の成果で」（本人の言），卒業時には800点を超え，今は理系の知識と英語を活かして特許翻訳の仕事に就いています。

1.4 いろいろな趣味につながる
——読書，会話，インターネット大学

多読の先にあるのは試験だけではありません。聞いたり，話したり，書いたりすることも気軽にできるようになります。そこから広がる趣味や仕事の世界は奥が深く，開放的で，人それぞれさまざまな楽しみがあります。

英語の勉強が読書に変わった人には，世界中で出版される英語の本が大きな楽しみになります。一方で，絵本から始めて絵本の虜になり，何年経っても絵本から抜け出せないという幸福な人もいます。また，大人向けのペーパーバックを読みたくて多読を始めたのに児童文学にすっかり浸って，大人向けの本には興味がなくなった人もいます。共通点は，どの人も好みの作家を見つけてとことん読書を楽しんでいることでしょう。

インターネットを通じて海外の人と友だちになる人もいます。その友だちのところに家族で招かれた人もいます。

多読が広がり始めてまもなく，英語の読書を楽しむ人たちの中から小説や啓蒙書の朗読を楽しむ人たちが出てきました。今では「聞き読み」といって，朗読を聞きながら本のページをめくることが流行しています。ほとんどの朗読はとても上手なので，文字からでは読み取れない感情や状況もするっと体に入ってきます。

聞き読みを続けると，そのうち聞こえてくる朗読を自分でも繰り返したくなることがあります。これを「シャドーイング」と言いますが，うまく真似すると外国語の音をとても簡単に獲得できます。そして最終的には聞いてわかりやすく，話

してわかってもらいやすい会話が可能になります。

多読で仕事の範囲が広がる場合もあります。大学3年のときに英検3級を受けて落ちた会社勤めのある男性は，その後20年ほど経って多聴・多読に目覚め，今では外国人の部下を抱えて毎日英語で仕事をしています。

同じように仕事でインドネシアに長期駐在している人，オランダに移住した人，海外の大学に留学した人など，たくさんの英語を吸収して，自分らしい楽しみや道を見つけた人は文字どおり枚挙に暇がありません。

中でも2013年になって新しく開いた扉はインターネット大学です。「NPO多言語多読」のウェブサイトには多読を楽しむ人たちの集う広場があって，そこにインターネット大学の入り方，講義の感想，レポート提出の実際などが紹介されています。

1.5 どのくらいの期間で?

ではどのくらいの期間が必要なのか？　最終的な到達点が高くてさまざまな範囲に及んでいるということは，大変な時間がかかるのではないか？

たとえば，英語の読書が趣味のようになるまでには数か月から数年でしょうか。早い人は初めて絵本を手にしたときからすぐに英語の本を開くことが楽しみになります。英語の読書を楽しんでいるうちに，いずれ2，3年くらいで映画を字幕なしで楽しんだり，会話にぎこちなさがなくなったり，英語を使う仕事に積極的に手をあげるようになるはずです。

ではどうしてそんなふうに，ほとんどだれでも多読を実践

することができて、さまざまな目的に活用できるのでしょうか？　わたしはそのことを 10 年ほど考えてきましたが、今現在の仮説では、「絵本の力によるもの」ではないかと考えています。

1.6 絵本の力——ことばの本当の姿

　絵本から始めて字ばかりのペーパーバックに発展したり、会話や映画やインターネット大学や学会発表や仕事にまでつながるのはなぜでしょうか？

　今は、多読のいちばんの意義は絵本から始めることにある、と感じています。絵本を心から楽しむことで、外国語をまるで母語のように吸収できるのではないかと考えることができそうです。絵本から始めることで、子どもはもちろん大人も、外国語を母語として育つ子どもと同じ体験をしているのかもしれません。

　たとえば、明治以来つい数十年前までの英語学習では、英語は、

「白い紙に印刷した黒い文字」

でした。けれども、わたしたちが日々使うことばは、

「生きた人間が、生きた場面で、生きた人間に対して使うもの」

です。

　絵本の中では、外国語がまさに「生きた人間が、生きた場面で、生きた人間に対して」使われています。絵本の中では、ことばは黒い記号ではなく、色と形を備え、表情を持ち、物語を伝えるものとして生きています。

絵本のことばは練りに練られ，選びに選ばれていて，どの語もその絵本の世界を描写するのにどうしても必要なところで使われています。そして文法は，物語を紡ぐのにどうしても必要な形が，どうしても必要なところで使われています。どの語もどの文法も世界と物語から切り離すことはできません。

　一冊の絵本を開くとそこに新しい世界が出現し，新しい登場人物が現れ，新しい物語が展開します。読み終わって本を閉じると，その世界と登場人物と物語が読んだ人の胸の中に置かれます。

　たくさんの絵本を読むと，たくさんの世界と登場人物と物語がわたしたちの心の中に棲みつきます。単語帳や問題集で得た知識とは違って，世界と物語に結びついたことばは無意識の底で互いに交流します。同じものが集まり，違うものが区分けされ，グループの間にネットワークができます。すると外国語なのに体の中で息をし始め，根を張り，芽を出して，英語の木やスペイン語の木として成長し始めます。ついには外国語が自分のことばとして口から飛び出し，手からにじみ出ていくのだと思われます。

　では，絵のない本の読書にはどうつながるのか？　絵本の読書をたっぷり楽しむと，次第にことばと物や表情や場面が結びついてくるのではないかと考えています。たくさんの絵本でそうした結びつきが強固になると，徐々に絵の少ない本を読み始めても，ことばから物や表情や場面が頭の中に「絵に描いたように」浮かぶようになり，ついには文字だけの本を読みながら，描かれた世界や物語が自分が見たり聞いたりしているかのように頭の中に展開する——それが読書なのではないでしょうか？

抽象的な語りについてもほぼ同じことが言えるでしょう。抽象的な物事同士の関係を頭に描けるようになっていくのだと考えられます。それは母語で起きていることとまったく同じだと思われます。

絵本から始める利点は子どもに限りません。むしろ大人にこそ大きな利点があると言ってよさそうです。70代後半の人が8か月でペーパーバックを楽しめるようになったのは、その人たちが絵本を子どものように楽しみつつ、人生経験を活かしたからではないかと考えています。

こうした説明は最終的なものではありませんが、そんなふうに考えないと、わずか10年前に始まった多読が、今こんなに多様な人たちに多様な扉を開けたことの説明はできないように思っています。

1.7 費用の壁

よいことばかりのように聞こえるかもしれませんが、実は大きな障碍があります。普通の人が、普通の暮らしをしながら大量の絵本を読み、いずれ大量の洋書を楽しむことは費用がかかりすぎるのです。

たとえば、多読入門の初期に読む絵本は字がほとんどないので、どんなに丁寧に絵を見ても数分で読み終わります。ところがその短い絵本が1冊だいたい500円です。「これなら英語が読める」というので何十冊、何百冊と購入したら、あっという間に数万円から数十万円になってしまいます（実際、多読を始めたほとんどの人は絵本を何百冊も読みます）。

その壁を乗り越えるいちばんよい解決法は図書館だと思わ

れます。図書館で多読に適した本を借りられれば，費用の点は心配がなくなります（そこで「NPO多言語多読」では，図書館への多読普及を大事な事業のうちの一つとしています）。

　「NPO多言語多読」には「始めたいのだけれど，多読に向いた本はどこでどうやって手に入れたらいいか」というメールがいくつも届きます。そのときに，「近くの図書館に行ってください」と助言できたら，どんなによいでしょう。けれども今は多読に適した本，とくに多読用の絵本を置いている図書館はとても少ないのです。

　たとえお金がたくさんあって個人で本を買えたとしても，多読にふさわしい外国語の本を置いている本屋は図書館以上に少ないので，手にとって挿絵の入り方や自分の英語力との相性を確かめることは簡単ではありません。

　もし最寄りの図書館に多読に適した絵本が大量にあれば，日本中のほとんどの人が，老いも若きも，学歴も職業も関係なく，英語に親しむことができるでしょう。そして眠っていた大人向けの洋書が次々に借り出されて，うれしい悲鳴をあげることになるはずです。

　けれども，図書館の役割は多読に向いた図書をたくさん備えることだけではありません。もう一つ大事な役割，つまり仲間との交流の場としての役割があると思われます。

1.8 多読する人を支える交流の場として…

　多読はさまざまな可能性の扉を開けてくれますが，つまるところ（いろいろな意味の）「読書」です。世界中の本の読書へ，またことばを使った幅広い活動へと，大きく豊かな世界

に導いてくれるのが多読といってよいでしょう。多読で新しい世界を発見した人たちは，読書だけでなく，講座との交流を楽しんでいます。多読は読書なので基本的に一人でするものですが，多読を一人でできるかというと……それはなかなかむずかしいのが現実です。

まず，多読はいわゆる「英語学習法」とはまったく違います。決まったレールに従うのではなく，一人一人それぞれの道を歩むという点で「学習法」でさえありません。そのために，一人で取り組んでいるとどうしても不安が頭をもたげます。

たとえば，多読は通常「多読三原則」を利用して読書を進めます。

第一原則「辞書は引かない」
第二原則「わからないところは飛ばす」
第三原則「自分に合わないと思ったらやめて次の本に移る」

まず，第一原則「辞書は引かない」がそもそも常識とは違います。そこで，

「本当に辞書を引かなくていいのだろうか？」
「単語は覚えられるのだろうか？」
「訳さないでどうやって正しく読んでいると確認できるのだろう？」

といった疑問が生じます。

また，第二原則「わからないところは飛ばす」，第三原則「自分に合わないと思ったらやめて次の本に移る」についても，

「わからないところを飛ばしていて，わかるようになるのだろうか？」
「主語動詞を考えないと不安だ」

「読みかけの本を投げるなんてできない」
といった不安が生まれます。だれでもやっている「学習法」なら「安心」ですが、多読をしているとこうした不安を感じることになります。その不安を和らげてくれるのは「仲間」です。同じように多読をしている人が他にもいるとわかると、安心できます。少し先を行く多読仲間が「大丈夫、わたしも不安だったけど、知らないうちに単語を覚えていたし、訳さなくても英語の本で泣けた」というような感想を聞かせてくれます。そうすると少し安心して、もう少し三原則で読み続けようという気持ちになれます。

また、仲間から「その本が読めたなら、同じレベルのこの本も楽しめるかも！」と推薦してもらえたり、途中で投げた本があったときに、「ああ、わたしもその本、だめだった……」と言ってくれるかもしれません。そうした体験の交流を通じて、多読は学習ではなく読書なのだということを確認することができます。

仲間はインターネット上でも見つかりますが、なんと言っても互いに顔を見ながら語り合う喜びに勝るものはありません。おもしろかった本、感動した物語、びっくりさせてくれたノンフィクション、深く味わえる絵本、おバカ系の本で大笑いしたこと……。語り合うことで楽しさや感動は倍加します。

幸い12年前に始まった多読には、インターネット上の掲示板と、そこで知り合った人たちが実際に顔を合わせて語り合う「オフ会」の両方が仲間をつくってくれました。インターネットの掲示板やオフ会は、今は「多読フォーラム」や「絵本の会」になり、5年ほど前からは図書館を中心にできた

多読サークルも加わって，仲間づくりの場となっています。

　2002年以来，多読の普及を支えてきたのは，①多読三原則，②たくさんのやさしい本，③仲間，という三本柱でした。図書館は3つの柱のうち2本を支える大事な場です。実際に全国の図書館でどのように多読を支援しているか，それを第3章で図書館司書の方々に紹介してもらいますが，その前に，次の第2章で多読のやり方と効果を実際の本を紹介しながら具体的にお話しします。

（酒井邦秀：NPO多言語多読理事長）

2章 多読はどう始める？ どう進める？

　本書の著者たちはときどき，英語の多読を取り入れている公立図書館や学校図書館で，多読を紹介する講演をします。ほとんどの場合，1時間くらいの講演のあと質疑応答があり，それから実際に多読を試してみる体験会が続きます。ここではそうしたイベントを紙上で再現しましょう。

　講演の皮切りは「多読三原則」の紹介です。すでに触れた「辞書を引かない」，「わからないところは見なかったことにする」，「途中でわからなくなったらやめる」を初めて聞く人はたいていびっくりします。そこで，できるだけ丁寧になぜそんな常識外れな提案をするのかを説明します。

2.1 学校英語は苦しかった……！

　多読三原則を一言で言えば外国語を楽しく吸収しよう，という提案です。これまでの外国語学習，とくに英語学習では苦しい作業がいくつもいくつもありました。そうしたことは全部忘れてしまおうという提案です。

　つらい作業には，たとえば単語暗記がありました。そもそも覚えられなくて，しかも覚えたと思ったらすぐ忘れている！たまたま覚えた訳語は実際の英文には当てはまらないことが多すぎる……。

文法もきつい課題でした。規則はわかりにくくて，覚えにくくて，応用がきかない。受験数学の公式のように必死で覚えれば文法問題は解けるけれども，すぐに忘れてしまいます。

　英文和訳や長文問題は単語がむずかしくて，構文が複雑で，せっかく覚えた単語も文法項目も活用する時間がありません。英語の長文ははなから「捨てる」覚悟……。

　学校で必死に取り組んだ英語の勉強は，単語を訳し，それぞれの単語に文法を当てはめて和訳する作業でした。そのどの段階にも苦しいことがいっぱいあって，ほとんどの人にはつらい思い出しかないだろうと思われます。

2.2 多読はなにもかも正反対

　多読は，実は学校英語の取り組み方とは正反対です。
　＊単語の暗記なし
　＊文法の勉強なし
　＊和訳は一切なし

　学校英語が"刻苦勉励型"とすると，多読は"脳天気型"です。知らない単語やわからない文は見なかったことにします。内容やレベルが自分に合わないと感じたらすぐに投げます。つまり，楽しく読めないのはわたしが悪いんじゃない，英文の方が悪いんだ！　という究極の自分勝手な読み方，自分が主人で英語はしもべというつきあい方なのです。

　そんなことで英語が読めるようになるのか？

　すでに書いたように，だれでもそういう疑問を持ちます。当然です。2002年にわたし（酒井）の『快読100万語！ペーパーバックへの道』が出版された当初は非難囂々でした。無理

もありません。多読は100年を超える英語学習の王道の逆を行くように見えます。

ところがよくよく考えると、かならずしも非常識とは言えないのではないかと思われます。というのは、子どもが母語を獲得するときにはまさに多読三原則を地で行くからです。子どもは辞書など引きません。わからないところは飛ばし、おもしろくなければ「けんもほろろ」という投げ出し方をします。それに自分を表現するにも、知っていることばを無理矢理つなぎ合わせて理解したり、話したりします。もちろん辞書を引いたりはしません。

もし多読による外国語獲得に「非常識」な点があるとすれば、外国語と母語の環境の違いを無視しているように見える点でしょう。子どもは母語の環境の中で常に母語にさらされながら獲得していきます。それに対して、外国語の場合は環境がなく、常にさらされるわけではない。したがって、外国語の獲得には辞書や文法が必須で、和訳しなければ理解できるわけがない——これがこれまでの「常識」でした。

2.3 大学の授業で失敗して方向転換

わたしは25年間大学で辞書と文法を使い、和訳する授業をやって、まったく手応えを得られませんでした。いわば常識どおりに25年間やったけれども成果は得られず、深く絶望して半ば自暴自棄になって大学生を相手に、絵本から始める多読授業をやってみたのでした。

今思うと、きっかけは二つありました。最初は約20年前です。1年間の授業が終わって、後は学年末試験だけという授

業の最後に、一人の学生がつかつかと教壇に来て、こう言ったのです。

「先生、熱心なのはわかりますが、ぼくたち英語が得意だったらこの大学に来ていません！」

わたしはこの学生に今でもとても感謝しています。彼はわたしに「酒井さん、空回りしてますよ」と忠告してくれたのです。わたしは学生たちの英語力を無視して勝手に一生懸命になっていたことを反省しました。熱心に教えれば、どんなむずかしい文章も学生は理解できるようになると勝手に想定していたのでしょう。

次の4月からは、どんどんやさしい英文科学記事を授業で取り上げるようにしました。ところが、ある年の4月の最初の授業が終わってすぐ、一人の学生がつかつかと教壇に近づいてきて、こう言ったのです。

「先生、今日の授業、わたしは先生の言っていることが何にもわかりませんでした！」

わたしはこの学生にも未だに感謝しています。ずいぶんやさしい教材を取り上げたつもりだったけれども、わたしにはまだ学生の本当の姿が見えていなかったのだと思いました。そこで次の授業には、思い切って、かねて買いためてあった絵本を数百冊持ち込んで、こう言いました。

「先週の授業でぼくの説明がわからなかった人は、これから1年間、絵本を読んでいていいです。ただし、成績は『可』しかあげられないし、指導は一切できません。」

すると、50人のクラスのちょうど半分くらいが絵本を読み続ける方を選びました。「可」しかもらえなくてもいい、今までのような辞書を引いて、和訳して、試験を受けるような授

業はいやだ，と考えたにちがいありません。

　わたしは宣言どおり，絵本組には1年間一言もかけなかったのですが，次第にやさしい科学記事の英文和訳組よりも絵本組のことが気になって仕方なくなりました。英文和訳組は，指名された学生とその両脇の二人しか英文を見ていない（ほかの人は見ているような格好はしているけれども，読んでいるとは思えない）のに，絵本組は授業時間中ずっと絵本の絵と文字を読んでいるようだったのです。

　次の4月からの授業は，それまでの英文和訳などの授業を全部やめにして，どのクラスにも大量の絵本を持ち込みました。それから10年あまり経って退職する日まで，わたしは英文和訳の授業に戻ることはありませんでした。

　多読授業がうまくいったいちばんの理由は，多読三原則と大量の絵本だったと思います。学生たちは多読三原則で従来の試験のための「お勉強」から解放され，気分的にまったく負担のない絵本を好きなだけ楽しみました。そして1年後には英語国の小学校低学年の読むペーパーバックを読む学生が毎年1割前後，「ハリー・ポッター」を読む学生が数人出るようになりました。3年，4年と続けた学生の中には，大人向けのペーパーバックを読む人も出ました。

　けれども，その入口はやはり絵本です。絵本は「母語環境」のシミュレーションと言えます。第1章で書いたように，絵本は生きた場面で生きた人間が生きた人間に向かって英語を使っているからです。

　退職後，「NPO多言語多読」を立ち上げて，「英語多読講座」を始めました。小学生から社会人までさまざまな人が絵本を楽しんでいます。半年ほどで英語を話したくてたまらな

くなった人もいます。そして今，英語で話すことがとても楽になって，もっともっと絵本を読んで使える表現を増やしたいと言っています。

では，英語多読はどんなふうに進んでいくのでしょうか？ここで，多読講演会に続く体験ワークショップの様子をのぞいてみましょう。

2.4 絵をみることから

ワークショップの冒頭で字のない絵本を参加者に配ると，どよめきが起こります。英語の勉強なのに，英語がない！

絵だけの絵本を導入するときは，Oxford Reading Tree というシリーズを利用します（「2.8 多読に向いた図書」(p.35) 参照）。このシリーズは，レベルゼロから9まで10段階に分かれて約400冊もあります。字のないレベルゼロだけでも数十冊ありますが，講演を聴く人が多くてそれでは足りない場合は，少し字のあるレベル1や2の絵本で，字を隠して絵だけでお話を想像してもらいます。

ほとんどの人は「絵を見ること」に慣れていません。最初は絵に目を留めずにさっさとページをめくってしまいます。そこで，少し見てもらった後で，みなさんに「絵の中に何か変なものが落ちていませんでしたか？」とたずねます。

Oxford Reading Tree のシリーズは子ども向けですが，作者も画家も本当に力を込めて制作しています。子どもたちが読書好きになるように，さまざまな工夫がされているのです。その一つが，あちこちに「落ちている」メガネです。小さい子どもほどすぐにそれに気がついて，そこからはもう字を読む

ことなど忘れてメガネ探しに没頭します——という説明を入れて、もう一度、参加者に絵を見直してもらいます。

すると、ほどなくみなさんは字を見ることを忘れて、子どものように絵の隅々まで鵜の目鷹の目でメガネを探し始めます。すると、メガネだけではありません。次々におもしろいものが見つかります。あっちで手があがって、「はげのおじさんがいつも塀の向こうからのぞいている！」とか、「（シリーズの主人公である家族の）お母さんのイヤリングはいつも緑で三角形ですね！」といった報告が始まります。400冊からなるこの一家の絵本は、いわば全体が「ウォーリーを探せ！」になっていると思ってさほど間違いではありません。とにかくページを見た子どもや大人が楽しめるようにと、最大限の努力をしているのです。

(1) ことばと表情と場面

なぜ外国語の学習なのに、絵から始めるのか？　これは多読という方法の大きなパラドックスですが、わたしはこの質問には先ほどと同じ説明をします。

これまでの英語学習や外国語学習は、
「ことばは白い紙の上に印刷した黒い活字」
と考えてきました。けれども、本当はことばは、
「生きた人間が、生きた場面で、生きた人間に向かって、使うもの」
です。絵本はそういうことばを味わい、吸収するのにいちばんよいメディアと言えるでしょう。そこで、多読のワークショップでは、わたしはいつも、場面と人の気持ちとことばを一緒に吸収してくださいとお願いします。

「絵本ばかり読んで，単語は覚えられますか？」
「絵のない本は読めるようになりますか？」

はじめの一歩は絵だけの本と納得してもらえても，講演とワークショップの参加者からは当然このような質問が出てきます。答はどちらも「はい」です。単語は知らないうちに，絵とともに胸のどこかにしまわれます。そして単語を見ると絵が思い浮かぶようになります。

多読が進むと，絵本から次第に挿絵本へ，そして絵のない本へと，読むレベルが広がっていきます。どうしてそんなことが可能かというと，どうも，絵本をたっぷり楽しむと，挿絵本になり，絵のない本になっても，頭の中に「絵が描けるから」ではないかと思われます。典型的な場合は，だれがどこにいて，どんな表情で，どんな口調で話しているかがまるで映画を見るように思い描けるようになるようです。そして地の文で情景描写されている部分も，絵本からの知識でその様子が生き生きと蘇ってくる……それが絵本から始めることで手に入る魔法なのだという気がします。

実際に絵本を見ながら，場面と気持ちとことばが一緒に体に入っていく様子を体験してみましょう。たとえばOxford Reading Treeの絵本シリーズには"Oh, no!"ということばがちがう場面で何度も何度も出てきます。

Splash! "Oh no," said Dad.

Oh no!

2章 多読はどう始める？ どう進める？……23

Oh, no!

こんなふうに,
乗っていたゴム・ボートがひっくり返って, On, no!,
天井から水が落ちてきて, Oh, no!
そして犬が猫に追いかけられて, Oh, no!
というような場面をいくつも見るうちに, どうも予想しなかったことが起きたときに Oh, no! と言うらしいと想像がつくようになります。

また, cross という語を知っていますか？ 知っているとしても「十字架」とか,「横切る」という意味ではないでしょうか？ ところがこの絵本シリーズだけでなく, 英語国の日常生活では cross はそれ以外のある意味でとてもよく使われます。

> "I'm cross," said Dad.

　この場面の cross は「横切る」でもないし,「十字架」でもありませんね。次の場面でも同じです。二つの場面に共通するのは, おとうさんとおかあさんの「怒ったような顔」ですね。

　そうです。「怒る」というと日本人ならだれでも思う浮かべる angry は「激怒している」に近いことばですが, cross は angry にくらべるとかなりおだやかな, どちらかというと「むっとしている」や「不機嫌」に近いことばです。このように,「意味」だけでなく, このことばを使うときの気持ちが, 場面と表情とことばを一緒に吸収することで腑に落ちるようになります。

Mum got cross.

　crossだけではありません。英語学習を一生懸命やったはずの人たちさえ知らなくて,「こんな表現があるんですね!」といって感激する表現は, 絵本の中に山ほどあります。

　stuck　　（「にっちもさっちもいかない」などの意味）
　mess　　（「めちゃくちゃ」などの意味）
　have a go　（「やってみる」などの意味）
　Get Dad!　（「とうさんをやっつけろ!」などの意味）

　どれも字だけで見たのではわかりにくいと思いますが, 絵本の中で, 場面と表情があれば一目瞭然です。

(2) 絵から文字へ
　絵を楽しみながら読み進めると, 次第に文字が多くなりま

す。たとえば、Oxford Reading Tree の絵本シリーズではレベルゼロから始まって、数百冊読んだところでレベル5になりますが、その絵と文字の割合はこんな具合です。

A man lifted an enormous log. It was the biggest log of all, and he was the winner.

"He must be really strong," said Chip. "I bet Dad can't do that."

そしてレベル9の絵と字の割合はこんな具合です。

Suddenly a man on a horse rode up. He looked very cross.
"Are you the entertainers?" he shouted. "You should be at the castle by now."
"The musicians were late," said John. "But we are ready now."

"Then hurry!" said the man. "The Duke hates to be kept waiting."
He peered at the children.
"Are these the musicians?" he asked. "They look very young."
"They are the finest in the land," said John.
"But ... but ...," stammered Wilma.

2章 多読はどう始める？ どう進める？………27

この絵本シリーズは，おもに中学校卒業程度までの語を使って書かれています。絵と一緒にたっぷり体に染みこませながらゆっくりレベル9まで上がると，1冊の総語数が1,500語の絵本を15分くらいで読めるくらいになります。1,500語という長さは，中学校1年の検定教科書1年分の本文と同じくらいの量ということです。つまり，中学生が1年間かける量の英文を15分で楽しめることになります。

　（逆に言えば日本の検定教科書は英文の量があまりに少ないわけで，レベル9の絵本を4冊も読むと，中学校3年間分の教科書の本文と同じくらいの量（約5,000語）を読んだことになります。多読の進んだ中学生なら，1分間に100語の速さで読むとして1時間足らずで読み終わってしまいます。そのわずかな量に3年間かける——これが日本の英語教育の最大の問題点だとわたしは考えています。そこで提案したのが「多読」というわけです。）

　そうなるまでに，1冊8ページから32ページで，1冊につき0語から1,500語で書かれた薄い本を数百冊は読むことになります。大変な数のようですが，このシリーズの400冊ほどの絵本は，どれも同じ家族が登場するので，ほとんどの人はすぐに家族に親しみを感じるようになり，一家の日常や冒険を読むことが楽しみになるようです。

　1冊1,500語の絵本を楽しく読めるだけではありません。どんな英語の試験でも長文は得意になり，大学入試センター試験では時間があまるほど英語に慣れているはずです。

　読むことに変化が顕れるだけではありません。その頃には絵と場面と登場人物の気持ちが一緒に吸収されて，同じような場面を見ると，そこで使われていた英語がぱっと口をつい

て出るようになります。辞書の助けを借りていない上，和訳せずに読んでいるので，耳から英語を聞いたときもそのまま内容が理解できます。

　そうしたびっくりするような変化を遂げたのは子どもだけではありません。今，東京・新宿にある「NPO多言語多読」の多読講座では，退職した年齢の人たちが受講していますが，その人たちも，子どもと同じ，あるいは子どもよりも短い時間で英語の読書を楽しみ始め，さらに英語でその本を紹介し，世間話を英語でできるようになっています（「NPO多言語多読」のウェブサイトで録画を紹介しています）。これはすべて，やさしい絵本の力と言ってよいとわたしは考えています。

2.5 親子多読への関心

　最近は子どもに英語を身につけさせたいという保護者が非常に多く，今後図書館で多読支援を始める場合，親子多読のイベントは大事な行事になると思われます。

　多読は大人でも子どもでも，出発点は一つ，つまり字のない絵本です。そこで，実は多読はむしろ子どもにぴったりの方法なのですね。大人の場合も，理性やお勉強は忘れて子どもに戻った方が効果は高くなるようです。

　その効果をいちばん高くするには，大事なことが一つあります。

　それは，親も子どもを離れて自分で多読を楽しむことです。

　ワークショップで絵本にいちばん鋭く反応するのは子どもたちで，すぐに引き込まれます。ところが，親が押しつけようとすると，すぐに英語の本には目もくれなくなります。家

のあちこちに英語の本をばらまいておく家もありますが、そうした「工夫」はたちまち見破られます。まして親の方から「読み聞かせしてあげるね」などと近づいてはいけません。そこで、大事なことは

　「英語身につけろオーラ」を消す

ことです。そうすれば親子多読はすばらしい変化が期待され、英語嫌いの子どもをつくったり、親子関係をゆがめる危険も少なくなります。

　子どもは親が何を考えているかについてはきわめて敏感です。敏感でなければ生きていけません。親が望んでいることはできるだけそのとおりにしなければ、養ってもらえないかもしれないとおそれています。

　一方で、親の言うことをいつまでも聞いていたら、いつか親から独立したときに、自分の足で歩けなくなることも知っています。ですから、親が過度に子どもの意思に影響を与えようとすると、拒否します。英語であれ何であれ、子どもは自分の領域を本能的に知っていて、そこに入ってくることを許さないかのようです。

　そこで、親の「英語身につけろオーラ」は簡単に悟られてしまいます。消すのは簡単ではありませんが、

　絵本を楽しんでいることを「後ろ姿で」見せる

くらいで十分でしょう。そのうち、子どもは親が自分を放って楽しんでいる絵本に嫉妬して、絵本と親の間に割り込んできます。そうしたら最初は一度だけ読み聞かせをしてやって、すぐに追い出します。うまく行けばそのうち、読み聞かせが習慣になるでしょう。

　多読のよいところは、年齢にかかわらず同じ本を楽しめる

ことです。親と子がひとつの本を間にして読書の楽しみを語り合う——これは親子読書の醍醐味と言えます。

2.6 多読をめぐる数々の疑問

　親と子、子どもと高齢者が同じ絵本を楽しめることもそうですが、多読に関する実例は思いもかけないものばかりです。多読の話を初めて聞く人は引き込まれつつも、「本当にそんな楽な方法があるのだろうか？」と、半信半疑を捨てきれない、という気持ちになるようです。

　したがって、聞いている人の疑問は数々あり、次々に手があがって質問は途切れることがありません。かならず出る質問も決まっていて、「わからない単語を放っておいたらいつまでたっても覚えられないのではないか？」「絵本ばかり読んでいて、大人向けの絵のない洋書は読めるようになるのだろうか？」「本を読むだけで話せるようになりますか？」「多読で受験はクリアできますか？」などです。

　一つ一つもっともな疑問なので答もそれなりに時間がかかり、質疑応答の時間はたいてい足りなくなります。わたしが講演者の場合は、いつもその地域で多読をすでに続けている人たちに体験談をお願いしつつ、初めて聞く人の質問に答えてもらいます。実際に多読を試した人の体験談はとても貴重で説得力があります。どこの講演会でも、わたしの講演よりも真剣に耳を傾ける姿が見られます。

　それにしても、まったく新しいことをたくさん耳にしたみなさんの疑問にはすべて解答できるわけではありません。そこで、詳しいことは本を読んでください、とこれまでに出版

されている多読の解説本を紹介することになります（資料編 (p.180) 参照）。図書館で講演するよい点は、そうした本がすぐそばにあって、すぐに借りることができることでしょう。

(1) 「多読は受験に役立ちますか？」

各地の多読講演会でかならず質問が出るのがこの話題です。絵本で培ったいちばんやさしく基本的な英語の知識は中学、高校の受験から大学受験、TOEIC、TOEFL (Test of English as a Foreign Language) までどんな試験にも通用するどっしりした土台をつくります。絵本の英語は大学入試センター試験に直接役立ちます。また個別試験の長くてむずかしい長文問題も、少しも長文とは思わずに正解できるようになります。

わたしのこれまでの観察では、Oxford Reading Tree をレベル9まで、何度も楽しんで読んでいれば、定期試験でも大学入試センター試験でも時間があまるようです。レベル9になると1冊の総語数が1,500語くらいになります。すると、いわゆる長文が少しも長文とは思えなくなるので、高得点は当然の結果だろうと考えています。

大学入試や TOEIC 対策には、絵本から始める多読で土台をつくった上に、いわゆる「過去問」で柱を立てます。この方法は受験対策としてもっとも無駄がなく、合理的なやり方だと思われます。

(2) 「話せるようになりますか？」

この質問も講演のたびにほとんどかならず出てきます。わたしはどう答えるか？ 「多読」という名前ですから「読むだけ？」と思われるのでしょうが、当然の疑問と思われます。

単純に答えると——話せるようになります。ただし、ならない場合もあるので、それは後で付け加えます。

　字のない絵本から楽しみ始めて、数百冊読んだ頃には英語を英語のまま理解できるようになるようです。その頃には、英語の質問を日本語に直してから内容をとるのではなく、英語でたずねられた内容にすぐ反応できるようになっています。

　英語で反応する場合に大事なことは、頭の中で英作文を始めないこと——つまり、主語の"I"から始めて、動詞を選び、目的語を選び……とやっていると、かならず行き詰まります。

　多読と多聴で話すには、知っている単語をまず口から出します。その単語は Oxford Reading Tree のレベル5くらいまでで見た語がよいでしょう。たいていの場合はそれで会話は成立します。そこからもっと複雑な会話をできるようになるには、もっと上のレベルに進んで、そこから語や語句や文を借りてきて話すようにします。

　（その場合、絵本だけよりもやはり絵本の朗読CDを聞ける方が聞ける・話せるに近づくには具合がよいので、図書館にはぜひ朗読CDも絵本と一緒に揃えてほしいと思います。）

　これまでに何千人という人が絵本から始める多読を試して、中にはそのまま話せるようになった人がいます。また、話せるようになっていない人もいます。二つの場合を分けるのは

「正しく話さなければいけない」

と思っているかどうかだと、わたしは考えています。しかし英語については、教室で間違えて恥ずかしい思いや口惜しい思いをした心の傷はかなり深くて、「自分は英語が不得意」と思っている人ほど「正しく」にこだわる傾向があるようです。その点をほぐして、できれば心の傷を忘れて新しい旅立ちが

できるように，お話しすることになります。

2.7 一緒に歩む仲間……図書館を中心に

多読は，うまくいくとほとんど何の苦労もなく英語に親しんでいって，ついには英語の読書や映画を英語のまま楽しめるようになります。けれども，学習法ではないので，学習本や教科書の言うとおりにだれでも同じ道を進んでいくわけではありません。それぞれの人に，それぞれの道があります。まったく同じ道を辿る人（同じ本を読み進める人）はいません。そのために，多読を実践する人は孤独感を持つことがあります。

インターネットには「NPO多言語多読」のサイトをはじめとして，多読関連のサイトがいくつもあります。そうしたサイトを時々のぞくことで，「あ，わたしと同じことをやっている人たちがほかにもいる」と知ることができ，大多数とは異なる道を行く勇気が出ます。

けれども，近くに多読サークルがあれば，まったく同じ道を歩んでいるのではないにしても，同じ方向に歩いて行く仲間からよい刺激を受けることができます。インターネット上とちがって，ごく近くに住んでいる普通の人が自分の声で語る体験談や助言は心に沁みます。

わたしが図書館で行う講演では体験談を語ってもらうことがよくありますが，多読の体験談から多読サークルが生まれた例があります。岐阜県各務原市立中央図書館の講演とワークショップの例がそれでした（p.91参照）。また，図書館の側から利用者に働きかけて多読交流会やサークルが始まった例

としては，愛知県知多市立中央図書館や東京都新宿区立四谷図書館の例があります（p.76，p.101 参照）。

　図書館利用者が多読を通じて英語やほかの外国語に親しんで，ついには会話まで楽しむようになるには，絵本などのやさしい多読用図書がたっぷりあって，さらに図書館に，多読と多読サークルなどの活動をやりやすい環境が必要になります。

2.8 多読に向いた図書

(1) まず代表的なシリーズから

　多読用図書のタイプには，大きく分けて二つあります。① 英語を母語として，子ども向けにやさしく制作されたもの，② 英語を外国語とする大人（たとえば日本人など）向けにやさしく書かれた本です。まず二つの違いを説明してから，いくつか代表的なシリーズを紹介しましょう。

① 英語を母語とする子ども向けにやさしく作られた絵本

　内容や絵が子ども向けです。したがって，日本人の子どもが読むには適していますが，大人が読むには子どもっぽいという感想もあります。けれどもいわば「子どもに戻れる大人」には好評です（その一部を Leveled Readers (LR) と呼ぶこともあります）。

② 英語を外国語とする大人向けにやさしく書かれた読み物

　英文自体は学校で習った英語に近く，絵はせいぜい挿絵程度で，内容も子ども向けではありません（Graded Readers (GR) と呼ぶこともあります）。

それでは多読に向いた図書にはどんな本があり，どんなふ

うに備えていけばよいのでしょうか？　ここで多読の進め方に沿った図書の選び方を整理しておきましょう。

　選び方の基本は単純明快です。多読の進め方と同じで，薄くやさしい本から購入を始めて，次第に厚くむずかしい本へと蔵書を増やします。別の言い方をすれば，最初は絵本を大量に備え，次に挿絵入りの本をたくさん加えて，最後に字ばかりの本を足していきます。予算次第ですが，朗読 CD などの音声素材はできればはじめの段階から備えたいものです。

　実際にはどんな本がよいのでしょうか？　これまでに多読を実践した人たちが寄せ合った知恵と知識をもとに，いくつかの「基本的な多読向け図書」を紹介しましょう。

　以下に紹介する多読向け図書の難易度の目安として，おおよその「読みやすさレベル」（YL）と「NPO 多言語多読」の「色ラベル」の目安を付します。こうした目安については，「2.9　多読用図書のレベル分けについて」（p.43）にくわしい説明があります。説明を読んでから，もう一度この項の紹介に戻って参考にしてください。

　また，ここで紹介しなかったシリーズについては，たとえば『英語多読完全ブックガイド』（改訂 4 版，コスモピア，2013）などの多読の手引きを参考にしてください。

　価格は為替レートの変動によって変化しますが，2010 年前後から 2014 年には 1 冊 350 円から 500 円くらいでした。学校図書館でも公立図書館でも，予算が潤沢ではありません。最初は Oxford Reading Tree を 200 冊から 300 冊購入して，利用者の反応を見ることを勧めます。手応えを感じてから少しずつほかのシリーズを加えることが現実的だろうと思われます。

① 英語を母語とする子ども向けにやさしく作られた絵本

＊**Oxford Reading Tree（ORT）**

絵本シリーズ　Stage 1〜Stage 9 の全10 レベル　YL0.0〜1.4, またはピンクラベル〜赤, オレンジラベル

最大の特長は 400 冊近いという冊数の多さです。やさしいレベルから日常会話を少し超えるレベルまでとてもゆっくりした坂道を，楽しみながら上ることができます。イギリスのある家庭の子どもたちが主人公で，日常生活，学校生活，歴史ファンタジーまで体験します。英文のレベルの上げ方がうまくできていて，知らないうちに読書力がついてきます。ほとんどの子どもや大人に人気があります。すべての絵本に朗読 CD がついています。

＊**Longman Literacy Land Story Street（LLL）**

絵本シリーズ　全 12 レベル, 123 冊　YL0.0〜2.4, またはピンクラベル〜赤, オレンジラベル

Oxford Reading Tree を参考に作ったと思われます。ORT と異なる点はレベルの上がり方が早めで，レベルが上がるとともに子どもたちが歳を加えていくこと，貧困，いじめ，離婚，失職などの面も扱っていて，より現実的なところです。一部の本に朗読 CD があります。

* **I CAN READ Books（ICR）**

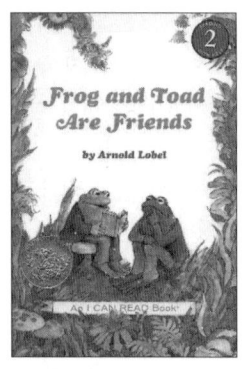

絵本シリーズ　全5レベル　一部CDあり　YL0.9～4.0，またはピンクラベル～赤，オレンジラベル

　総冊数は数百冊を優に超えると思われますが，上の二つのようにある方針に従ってレベルごとに制作したシリーズではありません。さまざまな絵本作家の小さなシリーズをたくさん集めて，おおまかに5つのレベルに分けてあります。出来は必然的にさまざまですが，アーノルド・ロベールの「ガマくんとカエルくん」シリーズや，モーリス・センダックの挿絵が入った「くまくん」のシリーズなど，大人気の絵本シリーズがたくさん収められています。

* **Step Into Reading（SIR）**

絵本シリーズ　全5レベル　一部CDあり　YL0.2～3.5，またはピンクラベル～赤，オレンジラベル

　詳しく数えることはむずかしいのですが，このシリーズも数百冊あります。I CAN READ Booksシリーズと似た構成で，リチャード・スカリー，機関車トーマス，ディズニー映画の簡略版など，人気のある作家やシリーズがたくさん入っています。

　以上，おもにフィクションの紹介をしましたが，同じシリ

ーズの中に地理，歴史，科学，伝記，自然保護などのノンフィクションもたくさんあります。非常に広い嗜好に合った蔵書を備えることができます。

ほかにもたくさんの絵本シリーズがありますが，ここではいちばん代表的なシリーズだけを挙げました。

② 英語を外国語とする大人向けにやさしく書かれた読み物（Graded Readers）

子どもは①の英語国の絵本を十分楽しむことができ，英語をどんどん吸収していきます。大人の利用者でも容易に子どもに戻れる場合は子どもと同じように①の絵本を楽しむことができ，どんどん英語を吸収します。

けれども，子どもには戻りにくい大人には②の種類の本が英語への導入としてより有効な場合があります。たとえば次のようなシリーズです。なお，GR の色ラベル表示は，YL よりも低いレベル表示となっています。

* **Oxford Bookworms Library（OBL または OBW）**

7レベルに分かれて数百冊　CD あり
YL2.0〜6.0，またはピンクラベル〜赤，オレンジ，黄色，緑ラベル

Oxford Reading Tree の絵本シリーズ同様，イギリスのオックスフォード大学出版局から発行されています。一番やさしいレベルは中学校1年生でも辞書を引かずに楽しめるでしょう。創作もありますが，名作の簡略版もたくさんあり，上の方のレベル

は立派に世界名作全集のように読書として堪能できます。ノンフィクションもあります。

* **Penguin Readers（PR または PGR）**

7レベルに分かれて数百冊　CDあり
YL0.8〜7.0，またはピンクラベル〜赤，オレンジ，黄色，緑ラベル

　LLLと同じく，ロングマン社の発行です。Oxford Bookworms Libraryと同じ編集方針で，上のレベルは英語の勉強を忘れて読書として楽しめます。名作だけでなく，映画の原作や脚本の簡略版もたくさんあります。挿絵はカラーで，ノンフィクションもあります。

* **Cambridge English Readers（CER）**

7レベルに分かれて数百冊　CDあり
YL1.4〜6.5，またはピンクラベル〜赤，オレンジ，黄色，緑ラベル

　上の二つのシリーズと違って全巻創作です。そのため登場人物の数や展開が長さに合わせてあり，頭が混乱しにくいと好評です。ノンフィクションはありません。

* **Macmillan Readers**（MR または MGR）

7レベルに分かれて数百冊　CDあり
YL0.9〜5.0，またはピンクラベル〜赤，オレンジ，黄色，緑ラベル

　OxfordやPenguinと似た編集方針ですが，ノンフィクションはありません。創作・名作取り混ぜていますが，どれも本の長さにしては一文一文が短くやさしく書かれています。したがって，まだそんなに力がない段階でもある程度たっぷりした長さの読書ができる長所があります。

* **Scholastic ELT Readers**

一部CDつき　YL0.9〜4.0，または赤ラベル〜オレンジ，黄色ラベル

　おもに映画やテレビドラマの簡略版。映画『バットマン』や『プラダを着た悪魔』，『ミスター・ビーン』などイギリスやアメリカの人気映画，ドラマを幅広く揃えています。

　以上のような絵本や段階別読物は，上に紹介したシリーズのほかにもたくさんの種類があります。くわしくは巻末の資料編を参考に，少しずつ発見していきましょう。

2章　多読はどう始める?　どう進める?……41

(2) 大人向けの本への「離陸」

　絵本や GR を楽しく読めるようになると，どこかの段階で少しずつ大人向けの本へ向けて「離陸」することになります。絵本や GR から離陸し始めるあたりに適した代表的なシリーズを紹介します。すべて英語を母語とする子ども向けの薄いペーパーバックで，挿絵が入っています。絵本や GR を読みながら時々手にとって，離陸の準備ができているかどうか，のぞいてみてください。

* Nate the Great

全26巻　CDあり　邦訳あり　YL1.2～2.5，またはオレンジラベル

　小学校低学年向けの推理物。落とし物，なくし物など，毎日の暮らしにいくらでもあるなぞを8歳の男の子が解決します。大人が読むとハードボイルド小説の私立探偵を気取った主人公 Nate の姿がかわいい。洋書の読書の入口と言えます。

* Rainbow Magic

CDあり　YL2.0～2.5，またはオレンジラベル

　100巻以上出ている人気シリーズ。小学校低学年の女の子向けの妖精ファンタジー。邦訳も人気です。男子学生で何度も読んだ人も！

* **Magic Tree House**

全48巻　CDあり　邦訳あり　YL2.5〜3.5，または黄色ラベル

日本の小学校の「総合学習」を小学校低学年向けにファンタジー仕立てにしたもの。理科系の大学生にも人気があります。作者による朗読CDも人気です。

以上の3シリーズは，挿絵がほぼ毎ページに入っているとは言え，それ以下のレベルの絵本より挿絵が少なくなっています。絵の助けがなくても場面を思い浮かべられるように，やさしい絵本は引き続き読み続けましょう。

このような長さの挿絵本（ページ数にして50から100ページくらい）を楽しみ，絵本を並行してたっぷり読んでいると，次第に挿絵が少なくて文字の多い本を読んでいても場面が思い描けるようになります。邦訳で知っている本や，好きな本なら挿絵のない本も読めるようになっているはずです。

2.9 多読用図書のレベル分けについて

多読はとてもわかりやすい方法です。したがって，多読用の図書選びも本来きわめて簡単です。つまり，絵の多い本からだんだん絵の少ない本へ，あるいは薄い本から厚い本へ，あるいは字の大きな本から小さい本へ，短い話から長い物語へ，お話から学術図書へ，というだけのことです。

けれども入門期には多読を学習と考えがちです。特に英語は学習と結びつきやすく、初心者は少しずつレベルを上げるための階段が明示されていることを望みます。多読の実践者だけでなく、多読用図書を備える図書館にとっても、図書のレベル分けは大きな意味を持ちます。

本書では何人かの執筆者が「読みやすさレベル」あるいはYL（Yomiyasusa Level）を本選びの一つの指標にしています。YLは、各出版社のレベル設定とは別に、社会人の多読実践者が自分の主観を大切にして設定したもので、0.0～9.9の数字で本の読みやすさを示しています。0.0が字のない絵本で、たとえば300語で書かれた中学英語レベルのPenguin Readers Level 1が1.0、「ハリー・ポッター」が6.0～7.0、600ページを超えるスティーブン・キングの小説やトールキンの長編、The Lord of the Ringsなどが9.0にあたります。詳しくは前出の『英語多読完全ブックガイド』を参照してください。

「多読」はつまるところ外国語による「読書」です。日本語の読書に「読みやすさレベル」がないように、外国語とはいえ読書には「レベル分け」は本来必要ないもので、「読書としての多読」の方向を狂わせる恐れがあります。わたしがかかわってYLを提案した当初は、YLの数値にはYL2～3というように幅を持たせていましたが、その後「SSS英語学習法研究会」（http://www.seg.co.jp/sss）が独自に決めるようになり、今では小数点1桁まで決められて一人歩きを始めました。YLや読了語数に寄りかかると、読書の楽しみよりレベル上げや語数の蓄積が重要になってしまう可能性があります。数字にこだわっている利用者がいたら、ぜひ多読の原則に戻って、それぞれの好みにしたがって読書として楽しむように助言して

ください。

0.0〜9.9という細かい分け方以外にも、多読を読書として楽しみつつ進度を確かめる方法はあります。たとえば、多読用図書が本国で何歳向けに出版されているかを表示する手もあります。また簡単に、絵の多い本から次第に絵が少なく字の多い本へとラベルを変える方法もあります。字の大きさやページ数もレベル分けの一つの目安になるでしょう。

「NPO多言語多読」では、それぞれの本の総語数でおおよそのレベルを判断し、7色の色シールで表示をしています。やさしい絵本をたくさん読んでいると、語彙と文法のコントロールされたGraded Readersはとても読みやすくなるので、YL表示と比べると、GRのラベル表示は総語数にかかわらず、かなりやさしいレベル設定になっています。GR以外の、おもな多読向け図書シリーズ（2.8参照）をこれらのレベルにあてはめてみると、だいたい次のようになります。

ラベルの色	1冊のおよその総語数	読みやすさレベル	おもなシリーズ
ピンク	0〜500語	0.0-0.6	ORT 1-6/LLL 1-6/ICR 1
赤	500〜1,000語	0.7-1.0	ORT 7-8/LLL 7—9/ICR 2-
オレンジ	1,000〜5,000語	1.0-2.5	ORT 9/LLL 9-12/ICR 3/Nate the Great /Rainbow Magic/
黄色	5,000〜10,000語	2.5-3.5	Magic Tree House/
緑	10,000〜30,000語	3.5-6.0	Roald Dahlの児童文学
青	30,000語〜	6.0-	Harry Potter/Holesなど

（「NPO多言語多読」では青ラベルから上は完全に「読書」であると考えて、その上のレベル分けはしていません。）

図書館によってはYL以外の数値や色ラベルを使って，独自のレベル表示をしています。

　ここまで，第1章で多読という方法の特色をお話ししました。第2章では多読をどう始めて，どう進めるのかを概略説明しました。次の第3章では図書館多読における司書の役割を司書のお二人に語ってもらいます。その次の第4章では，実際に図書館多読を進めている司書さんたちの感想と意見をうかがいましょう。

（酒井邦秀）

3章 図書館の役割

　図書館の役割は環境づくりに尽きると言えるでしょう。公立図書館の場合と学校図書館の場合の二つに分けて，それぞれ実際に環境づくりを行っている司書二人の報告を読んでください。

3.1 公立図書館の多読環境づくり

　まず，公立図書館の多読環境づくりは東京の新宿区立四谷図書館の熊谷典子さんです。熊谷さんは自分でも高校生のときから多読に親しみ，利用者から「次はどんな本を読めばいいでしょう？」という質問に対して，適切な本を紹介するので，図書館多読の利用者から重宝がられています。

(1) 生涯学習の支援――学校の勉強との違い

　公立図書館の大きな役割として，生涯学習の支援が挙げられます。学校に行かなくても，自分の興味に合わせて調べものをし，必要な情報を手にすることができる場所。また，同じテーマに関心を持つ人が集まってつながり，交流が生まれる場所。しかも身近にあり，お金はかかりません。多読支援

の環境づくりの観点でいうと、だれでも、いつでも、ふらりと立ち寄ることができ、気軽に本を手に取れる公立図書館というのは、多読を続けていくにあたって大変重要な場所になりうるといえます。

　学校で英語を勉強する場合との違いは二つあります。まず、公立図書館はだれでも好きなときに立ち寄り、好きなように借りたり読んだりすることができるということ。先生が待っているわけでも宿題があるわけでもないので、ちょっと忙しくて中断したければ自由にやめられます。そして、またやりたくなったらいつでも再開できます。「やらなければ！」という強迫観念で必死に取り組むのではなく、自分のペースで、勉強ではなく趣味のつもりで通うことができる。地域のみなさんにとって公立図書館が敷居の低い、気楽な場所であることは、多読を長続きさせる環境づくりの大事なポイントになります。英語の勉強と聞いただけで「頑張ってやらなければならないもの」と思い込む人は非常に多いのですが、学校の課題としてではなく、自分がやりたいからやるということで、だれでも楽しく取り組めるのが多読の魅力です。公立図書館はそうした多読の特質に十分応えることのできる場所だと言えるでしょう。

　公立図書館で講演会を開くと、「私はこんなに歳がいっているけど大丈夫かしら？」「英語は学生時代全然得意じゃなかったけど参加していいの？」などと心配する人が大勢いますが、そんな人たちもそのうち多読に興味を持って、どんどん借りて読むようになっていきます。とくに60代〜70代の人たちにとっては、英会話学校には行きにくくても、近所の図書館なら通いやすいということのようです。図書館は、そうした

人が気軽に始められる環境を整えて，英語の読書への扉を開くきっかけづくりをする役割を担っています。

(2) 無料でたくさん読める！

　もう一つの違いは，無料でたくさんの本を読めることです。多読にはまってどんどん本を読み続ける人を「タドキスト」と呼びますが，その人たちの間で冗談めかして使われる「多読貧乏」ということばがあります。多読は絵本から始めるので，使う本は薄くて文字があまりないのに値段が高いものが多いのです。でも，ついついあれもこれも欲しくなって，気がついたらずいぶん散財していた……そのような状態を「多読貧乏」と呼びます。

　そこで公立図書館の出番が来ます。図書館なら，入門レベルから中・上級レベルまで多くの本を揃えて，地域のみなさんに提供することができます。ときには新刊購入リクエストに応えることもあり，喜ばれています。個人ではなかなか揃えられないコレクションを計画的に構築できるのも，公立図書館の強みといえます。現在は人気の Graded Readers (p.61 参照) などを中心に，図書館向けのセットも販売されるようになりました。1 冊ずつ揃えていた頃と違って，予算的にもずいぶん蔵書構築しやすくなっています。購入後は，蔵書データを作成し，利用者がインターネットから検索して予約できるよう登録をします。MARC データがダウンロードできる和書と違って，すべて一からつくるため，時間がかかるという問題点がありますが，今後多くの公立図書館に多読が普及し，MARC データの共有化など，よいシステムが開発されることを願います。

(3) 公立図書館と司書

　図書館は，ただ本を貸し出しているだけの場所ではありません。専門家である司書が常駐し，利用者の話を直接聞いて相談を受ける業務をレファレンスサービスといい，図書館サービスの中でも大きな柱の一つです。情報があふれる現代社会だからこそ，スペシャリストである司書がいることは大変重要視されています。以下に，多読支援を切り口に司書の役割を考えたいと思います。

① 人と本をつなぐ（読書相談）

　多読を始めた人にとっていちばん気になるのは，次にどんな本を読んだらよいだろうかということです。多読は読書ですから，基本は一人で進めます。ただ，一人で読んでいると，かならずだれかに話したくなる，あるいは悩みを相談したくなるのが人間です。そんなとき，近くの図書館に，本に詳しくて自分にぴったり合った1冊を紹介してくれる司書がいれば，途中で挫折する心配もなくなります。カウンター業務をしていて，利用者が，今まで何冊読んでいるかとか，これはおもしろかったとか，うれしそうに報告してくださることもあり，司書にとってはとても幸せな時間です。近くで本を探している人に声をかけて，多読の進捗状況や好きな分野を聞き，おすすめの本を紹介できる場合もあります。館内に多読担当の司書がいて，いつでも相談できるようなシステムがつくれればさらに理想的です。

② 人と情報をつなぐ（利用者教育とレフェラルサービス）

　近年，テーマに合わせた専門コーナーを設置する図書館が

増えています。代表的なものとしては，ビジネス支援コーナーや健康医療情報コーナーが挙げられます。

多読についても，専門コーナーをつくることができるでしょう。本をたくさん揃えると同時に，レベル別に色を変えて分類したり，専門機関（NPO多言語多読）のパンフレットや無料講座情報を置いたりします。それらを日々のサービスとして継続していくためには，本の分類に関する知識を持ち，多くの情報から有用なものを探して収集できる専門職，すなわち司書の存在が欠かせません。多読をする人と多読に関する情報をつなぐ役割をする司書が必要なのです。また，課題を解決する手助けとして，多読をテーマにしたパスファインダーや検索方法のガイドを作成し，だれでも手に取れるよう気を配ることも大切です。

このような司書がいる公立図書館でこそ，充実した多読支援が可能になると言えるでしょう。大切なことは，利用する方と同じ目線で楽しめるかどうかで，英語が得意でなければならないということはありません。ぜひ地域の人たちと一緒に多読を始めてみてください。

（熊谷典子：新宿区立四谷図書館（指定管理者　紀伊國屋書店・
　　　　　　ヴィアックス共同企業体））

3.2　学校図書館の多読環境づくり

　学校図書館の環境づくりを報告するのは，東京都立府中東高等学校の司書，米澤久美子さんです。米澤さんも自身で多読をしていて，前任校である都立大田桜台高校では，毎日多読授業を見守り

ながら，多読図書の貸出を通して生徒の多読を観察してきました。

　最初に，どうして学校図書館で多読を行うことがよいのかを考えてみましょう。

　多読は「辞書を使わない」「わからないところはとばす」「自分に合わないと思ったら次の本にする」という「多読三原則」に基づき，たくさんの本（英語の本）を読むことであり，つまり読書である，そうした読書環境が整っているのは，図書館であるということが，まず言えます。

　次に授業で多読を行う場合，学校図書館は役割として授業への支援と，資料提供を担っている校内の施設です。さらにそれを支援する司書がいます。このことから考えれば，学校図書館で多読を行うことが適当であると言えるのではないでしょうか。

(1) 「場所」と「場」

　では実際に，学校図書館で多読を行う場合に，どのような環境をつくっていけばよいのでしょう。「電子図書館」に対立をした概念で，「場所」としての図書館 "the library as place" といわれる考え方があります。この場合の「場所」= place は施設や建物という意味でとらえ，目に見えない力の作用が働く場合の「場」は，通常 field の訳語であるという考え方があります。このことから，学校図書館で多読を行う環境をつくる際には，この「場所」と「場」の両方が必要ではないかと考えられます。

　では，具体的に「場所」としての環境をつくる際に，ポイ

ントになることはどのようなことでしょうか。

① **大量の本**

まず第一に，大量の本が必要です。後述する東京都立大田桜台高等学校の図書館には1万冊ほどの英語多読用図書があります。多読を成功させるには，やさしい本を大量に揃えるということが大事です。

② **手に取りやすく整理・整備**

次に，資料は手に取りやすい形で収集・保存・管理され，整備されていることが大事です。授業中に読める量は限られています。本を借りて行って読むことが，多読を効果的にすすめる上ではとても重要なポイントになるので，本の貸出システムを構築するような体制づくりを行いたいものです。データベース化を行えば，書名や著者名などから資料検索もできます。

③ **決め手は多読支援体制！**

そして決め手は，多読を支援する体制の確立です。

教員，図書館司書が多読への理解を持ち，支援体制を確立することが必要であり，学校全体が多読を支援できるようになることが理想です。

(2) 「場」の意味

では，「場」の環境づくりに必要なものはどのようなものなのでしょう。

まずは，本を読む「場」をつくること。

読書に集中したいときに訪れる静寂の空気の場です。
　これができれば，多読環境づくりはできていると言えるのではないでしょうか。

(3) 場から生まれるコミュニケーション

　次に，その場を共有することにより生まれるコミュニケーションの確立があります。本について生徒同士で語り合う空間，教員とのコミュニケーションが確立された場です。このような目に見えない「場」が確立されれば，field がつくられていると言えるでしょう。
　こうした「場所」と「場」をつくることが，多読へのスタート地点になると考えられます。

（米澤久美子：東京都立府中東高等学校司書）

3.3 多読と学校司書の役割

　学校図書館は前述のように，学校内において読書センター，学習・情報センターとしての機能が求められていますが，現在，学校図書館には，発令を受けて配置されている司書教諭と図書館担当職員として勤務している学校司書が，職務を分担しながら図書館運営にあたっています。
　学校図書館法が改正され，現在では 12 学級以上の学校にほとんど司書教諭が配置されています。
　司書教諭は，教育委員会の発令を受け，おもに学校図書館の経営・運営および学校図書館を活用する教育指導を中心に行います。
　学校司書は，司書教諭と協力し，学校図書館メディアの専

門家として児童・生徒および教員と学校図書館を結び，主として図書館サービスおよび技術的な業務を行っています。現在は法律上に位置づけられていないために身分，待遇，勤務体系はさまざまですが，生きた学校図書館を構築するためには，学校司書は欠かせない存在であり，重要な役割を担っています。［学校図書館法が2014年6月に改正され，2015年4月から学校司書が法律上に位置づけられることになりました。］

　ここでは，学校司書（以下「司書」）の役割を中心に記述します。

　学校司書の役割は，環境整備，情報を収集し提供すること，読書相談（レファレンス），授業への支援，となっています。

(1) 本の購入・整理

　多読を英語の授業で実践するには，やさしいレベルの本を大量に用意することが大きな課題であることは先にも述べました。資料の整理，情報の提供といった図書を有効に活用できる環境を整え，本の貸出・レファレンスに対応するためには，司書が英語科と連携し円滑な授業が行えるように支援をすることが第一の役割です。

(2) 読書相談

　次に重要な役割は，図書と利用者を結びつける作業である読書相談，レファレンスサービスです。

　レファレンスサービスとは，「利用者の課題を解決するため，利用者の求めに応じて図書館員が解決に必要な資料や情報を提供，提示すること」ですが，これは学校図書館においては，もっとも司書の任務として大きいものであると言えます。

顔を知っている身近な生徒であることで,レファレンス手法であるレファレンスインタビュー(利用者がレファレンス質問として表明した情報要求の内容について確認し,曖昧な点を明確にし,理解できない点の説明を求めるために,図書館員により利用者に対して行われる)を行いやすいという点を活用し,「いい本ない?」「おもしろい本ないかな?」をキャッチし対応します。そのためには,「聴く」という姿勢が大切です。

　また,生徒が何を探しているか,何を求めているのか,書架に出て本を片づけながら会話をする,つまり司書の方から近寄り「足」を使い対話することも必要です。

　「本を探しているときが一番楽しい」という生徒に,たくさんの本の中から自分が読みたい本を探し出し手渡すことが,司書のもっとも大事な役割だと言えます。

(3) 手に取りやすく

　東京都立大田桜台高等学校(以下「大田桜台」)では,英語・国語を中心としたコミュニケーション能力の育成に力を入れており,その一環で特色ある授業として,多読・多聴を英語の授業に取り入れています。学校図書館に,英語科の予算と開校時の特別予算などで購入をされた多読用図書を,レベル別,シリーズごとに整理して並べ,週に28時間,授業で利用しています。

　授業では,生徒がそれぞれ好きな本を選び席に座って読み,読み終わったらまた違う本を選んで読書をしているので,まずは本を選んで手に取りやすくすることが大切です。

　大田桜台の多読用図書は,図書館の一角にコーナーを設置

しています。

　入口から入るとまず正面に，低書架，ブックトラックに本を並べています。開校時（2010年度開校）の特別予算，それ以降は英語科の予算などで購入したもので，現在は約1万冊を所蔵しています。

　図書館蔵書と同じバーコードを貼って図書館の管理システムにデータを入力しているので，貸出，返却，検索用パソコンから書名・著者名シリーズ名の検索ができます。

(4) やさしい絵本を目立つところに！

　多読は，まず絵の多い，総語数が100語以下のやさしい本をたくさん読むことが大事なので，難易度別，出版社・シリーズ・著者で本の配置場所を分けておきます。1年生の多読導入時期には，やさしい本を手に取りやすい目立つ場所に配置することがポイントです。

できるだけ表紙を見せたい！

⑸ **本の整理が大変！**

　授業では2クラスが，同時に図書館と隣接の自習室を利用して授業を行うことが多いので，70人が本を出し入れすることになり，注意していないとあっという間に書架は乱れてしまいます。多読の本は薄いものが多く，また，大きさなどもまちまちで，本の整理をまめに行わないと，乱雑になり読みたい本を探すのがむずかしくなってしまいます。

　本を戻す際にはかならず元にあった場所に戻すように，生徒への注意喚起を促し続けないと，次に本が見つからなくなってしまうので，書架から手に取りやすいように日頃の整理が大切です。また最初に利用するシリーズものは，バラバラにならないように糸でくくったりするなどの工夫も必要です。

⑹ **どう見せるか**
① 興味が広がるような展示

　図書館内には，季節ごとにディスプレイをする展示コーナー，おすすめの本の紹介や作家の紹介をするコーナーなどをつくっています。季節ごとのディスプレイは，ハロウィン，クリスマス，新年，雪，春などの行事や季節に関連した本を選び出して展示します。

　また，月ごとに記念日や関連したテーマの本を並べておきます。Thanksgiving Day や英米独特の記念日（リンカーン，マーチン・ルーサーキングデーなど）について書かれた本が，多読用図書には多くあるので，それらを注意してピックアップしながら展示をしています。このような展示はとても効果的で，生徒はまずそのコーナーにある本を手に取ることが多くなります。

ハロウィンなどはとても人気で，教員の読み聞かせなどもあるとさらに興味を増すようです。実際の海外の生活や文化を知ることにつながり，生徒の関心を広げることにつながるというメリットもあります。

これはクリスマス特集です

② 人からの情報とコミュニケーションの活用
　かつては新聞の書評欄で紹介されると本が売れましたが，今はあまり売れなくなっていると聞きます。ソーシャルメディアで見かけた本や，自分の好きなこの人がいうなら間違いない，ということが大きなポイントになっているようで，情報を取得するのは3割がインターネット，3割が本，4割が人から，というアンケート結果もあり，生徒世代は人からの情報がとても大きな位置を占めています。生徒が読んでおもしろかった本の紹介を，教員の協力を仰ぎ，授業でポップ

3章　図書館の役割………59

(POP)を作成して，それを展示すると，その本を手にする生徒は多くなります。

生徒は同世代の人がおもしろいと思ったものに特に興味を示すので，生徒からのおすすめの本の紹介をする機会を増やすように，教科の教員と連携をとりながら，より多くの情報を得て本を紹介できるようにしています。

生徒からのおすすめ　本当に楽しんでいる様子が伝わってきます

(7) 多読用図書を効果的，利便的に管理する

実際の本の配架で注意するのは，多読用図書は色が明るくきれいなものが多いので，表紙を見せる「面出し」を多くして，特に絵本タイプのものは専用の書架を使用するとよいでしょう。また，展示した本も定期的に交換をして，本を選ぶのが楽しくなるように心がけることが大事です。

多読用図書を効果的に配架・展示するためには，その特性を理解することが必要です。多読用図書は，大きく分けて Graded Readers（GR）と Leveled Readers（LR）に分けられます。

GR は英語を母語としない英語学習者向けにつくられた，段階的にレベルが上がる本のシリーズを指します。Penguin Readers, Oxford Bookworms, Macmillan Readers, Cambridge English Readers などがこれにあたります。

LR は英語を母語とする幼児から小学生向けに，段階的にレベル分けをされた絵本のことをいいます。Oxford Reading Tree, Longman Literacy Land, I CAN READ Books などがあります。

また語数とは，本に含まれている総単語数のことです。字がない絵本では，題名のみ数え，本の巻末にたとえば「100w」（100語）というように記入をしています。

大田桜台では，生徒は「多読手帳」を持っていて，各自の読んだ本を記録しています。生徒は「多読手帳」にタイトル，語数を記入し，累計を出しています。しかし，語数を書くことを楽しみにしている生徒もいれば，語数を記録しない生徒もいるので，かならずしも語数が大事ということではありません。実際には，80万語を読んだ生徒や，冊数は多いが20万〜30万語の生徒などさまざまであり，一つの目安ととらえた方がよいでしょう。

しかし，ある程度簡単な本を大量に読んでいくと，突然7,000語から1万語の本を自分で選び，読み始めるようになります。これを「離陸」といって，一つの段階を超えたような意味を持ちます。その後は自分に合った本を選ぶことができ，好みが分かれてきます。そして，ここから英語での読書の世

界へ第一歩を踏み出すのです。

　この「離陸」に向けて，ある程度の長さをもったシリーズや読み物を用意しておく必要があります。Magic Tree House, Rainbow Magic, さらにシドニー・シェルダンの著作，「ハリー・ポッター」などの本を読み始める生徒も出てくるようになるからです。

　このように，シリーズの内容や特性などを理解して書架の配置を考え，まずやさしい本を手に取ることに目を向けさせること，また人気作家や生徒に人気のシリーズものを多く購入し楽しい環境をつくること，洋書には仕掛けがある絵本も多いので，いろいろな本を選択することなどの工夫も必要です。

(8)　どう支援するか？——高校図書館の事例

　多読用図書を利用して授業を行う際に，司書はどのように支援をすることができるのか，前述の環境づくりに必要な「場所」と「場」の視点から考えてみましょう。

　多読用図書の書誌データ作成，本の配架までの整理作業は，大田桜台の場合，英語科の教員が中心となって行っています。司書がデータを図書館の管理システムに取り込んで，貸出・返却作業を図書館蔵書と一元化して，書名・著者名・シリーズ名から検索ができるように整備をしています。

　本のデータの管理，貸出・返却作業，探しやすく戻しやすいように配慮した環境を整備するという「場所」を整える作業は，司書にとって基本的な任務であると言えます。また，校内において多読への支援体制を確立できるように英語科教員と連携をとりながら，日々の運営を行うことも大切です。

多読用図書は教材ではないかと聞かれることがあります。わたしは多読を読書であるととらえています。つまり基本的に個人的な学習活動であり，興味・関心を広げる知的活動とも言えます。

　司書は，このような活動を支援することが使命であり，図書館は本を読むためには絶好の場所であり，すでに読む環境がつくられた「場」を提供することができるということにつながります。

　多読での読書世界を広げるためには，生徒に授業以外で本を読むように勧めることが大事です。大田桜台では，多読用図書の貸出冊数を無制限にしていることもあって，大量に（一回に10冊以上）本を借りて行く生徒がいます。夏休みのあたりから，毎日自宅で1時間程度は多読をしている生徒が，土・日に読む本がなくなると不安だから，少し長い本はないかというので，生徒と一緒に本を探し，ちょうどよい長さと内容のものを見つけることができました。このように，押しつけるのではなくその生徒に合った本を紹介できることが司書としての支援ではないかと思います。そのためには生徒が今どのレベルの本を読んでいるのか，どんな本が読みたいのかを知り，次に紹介する本を選ぶ能力も必要となってきます。まず支援する側の司書自身が，多読という世界に足を踏み入れてみて，読書として英語の本を楽しみながら読むという体験を得ることで，多読用図書についての理解と知識が広がっていくのだと考えています。

（米澤久美子）

4章 図書館多読
――いま公立図書館では

4.0 はじめに

　経済活動の国際化,情報伝達のグローバル化は,これまで以上に英文情報の取り扱いを身近にしており,図書館に英文図書の収集を期待する機運も高まっています。また,「団塊の世代」の退職による,知的好奇心の高いシニア層の増加も,これに拍車をかけており,日本人利用者を主対象とする,英文図書収集への期待は今後もふくらみ続けるでしょう。

　このような利用者の期待に応えて英文図書を収集し,すでに古典作品から近年のベストセラーに至る英文小説,著名なヤングアダルト小説,児童小説,著名な絵本を所蔵する公立図書館も少なくありません。しかし,これら英文図書の利用度は高くないのが実情です。

　利用度が高まらない第一の理由は,英文図書を継続的に読む利用者が少ないことです。たとえば,英文科の大学卒業生であれば,1ページ数百語のテキストを英文和訳し,内容を把握することには苦労しないでしょうが,児童書に属する「ハリー・ポッター」(第1巻は224ページ,テキスト長(=総語数)7万7千語)を2週間で読み切る人は,かなり少なくなります。数万語以上の英文小説の読書を楽しむためには,英文和訳をやめて,日本語を介さずに英文から直接内容を把握する(多

読の）読み方をしないと，疲れてしまうのです。

　しかし，日本の学校教育では和訳をしない英文読書法を指導されることはありませんので，多くの社会人は，英文読書とは延々と英文和訳を続けることだと勘違いしています。

　英文図書の利用度を高めるには，潜在的な利用者に，多読の読み方を紹介し，和訳しなければ英文読書は楽しくなることを伝える必要があります。多読の授業を実践する教育機関とも連携して，利用者に多読の読み方を伝え，利用者の英文読書を支援する体制を整えれば，潜在的な利用者が英文図書を利用し始めることは，愛知県の事例からもわかります。

　英文図書の利用度が低い第二の理由は，所蔵図書の構成にあります。多くの図書館の英文図書には，入門用のやさしい絵本が少なく，また，英文の読みやすさが絵本と児童小説の中間に位置する初級，中級用の読本もほとんどないのです。その結果，多読の読み方を知っている利用者であっても，著名な絵本で英文読書の雰囲気を味わった後は，いきなり語数4万語程度以上の児童小説，または，10万語程度の大衆小説と取り組むことを迫られ，読むのが苦しくなってしまうのです。

　利用度を高めるには，入門用の絵本，初級用読本に加え，英語を外国語として学ぶ学習者向けに書かれた段階別読本（Graded Readers: GR）を追加し，英文レベル，語数とも連続的に変化する図書体系を整備する必要があります。各図書の英文レベルや語数を明示することで，利用者の選書を支援する体制があれば，さらに好ましいでしょう。

　多読の読み方を紹介し，やさしい絵本から一般小説へと読みやすさが連続的に変化する図書体系を整備すれば，図書館

が子どもたちの（日本語の）読書を豊かにしているのと同様の環境を，大人の英文読書に対しても提供することができるでしょう。次節では，そのような試みを，愛知県の図書館の事例から紹介したいと思います。

（西澤　一：豊田工業高等専門学校電気・電子システム工学科教授）

4.1 愛知県の場合——図書館多読先進県

　愛知県では，後述の知多市立中央図書館以外にも，1,000冊程度以上のやさしい英文多読用図書を導入し，専用コーナーを設けて市民向けサービスを行っている図書館が，少なくとも6館あります。導入時期の早かった小牧市立図書館（2004年）と蒲郡市立図書館（2005年）は，それぞれ教育長，市長のリーダーシップによるものですが，他の4館は各図書館独自の判断で，市民のニーズを汲み取り，基本計画に照らし合わせて，英文多読用図書の導入を判断しています。

　これらの図書館に共通しているのは，多読用図書の特性や日本人英語学習者の実情を理解した上で，英文図書の利用法を紹介する講座等の支援イベントを企画し，ホームページ上で図書リストを公開したり，各図書の英文レベル，語数の情報を表示する語数シールを各図書に貼る等により，利用者の選書を助ける仕組みを組み込んでいることです。加えて，それぞれの図書館が独自の工夫もしていますので，とりまぜて以下に紹介します。

(1) 小牧市の場合——最初の多読用図書導入

　愛知県で最初に多読用英文図書を導入したのは，小牧市立

図書館です。同図書館では，これに先行して1991年から図書館資料費に洋書枠を設け，英米語圏のベストセラー（ハードカバー）や絵本を収集していましたが，洋書を所蔵する他の図書館と同様，市民の利用は限られていました。そこで同図書館では，英文図書の利用者層を広げるため，よりやさしい英文で書かれた多読用図書500冊を2004年に導入し，「英語多読コーナー」を洋書書架に隣接して設けました。2005年には，初歩・初心者向けの本に重点を置き，複本も含めて多読用図書800冊を追加しています。2006年には，ボランティアの助力を得て，語数シールの貼付を行い，図書リストをホームページ上で公開しました。また，市民に多読を紹介する酒井邦秀氏の講演を実施しています。

　導入に積極的にかかわった（当時の）教育長副島孝氏は，自ら100万語を読破し，「どうして英語多読が長続きしたかは，内容自体におもしろさ楽しさがあったからだということは，先回書きました。もう少し詳しく言うと，日本語に訳して理解するのではなく，英語のままで何ページも読んでいるときがあるのです。この経験は始めてでした（今でも少し分かりにくい文章だと，すぐ日本語に直そうとしてしまうのですが）」と多読の本質を突いた感想を，同市の『教育委員だより』に残されています。すなわち，英文読書を楽しむためには和訳を避けることが必要ですが，そのためには，やさしい英文を選ぶ必要があるのです。

(2) 蒲郡市の場合——「市長への手紙」から

　続いて2005年6月には，蒲郡市立図書館が「英文多読コーナー」を設置しました。筆者（西澤）が書いた「市長への手

紙」を契機にその妥当性が検討され，その結果 GR を中心に児童書を含む約 1,400 冊の英文多読用図書を導入，専用書架と数人が座れる机と椅子も備えた専用コーナーを設けたのです（写真）。専用書架の前で，利用者同士が図書情報や，読書体験を交換するために小声で会話をしても，他の図書館利用者の迷惑とならないよう，同コーナーはあえて開架書架の隅に設置しています。

多読用図書専用コーナー　やさしく薄い本ばかりです

　多読コーナーの開設に向け，ボランティアによる語数シール貼りを行い，酒井氏の市民向け講演を企画・実施したのは，小牧市立図書館に先立ちます。以後，筆者が多読コーナーで定期的な読書相談会を行い，利用者を支援しています（2008年度までは読書相談会を年 11 回のペースで行いました。2009年度からは年 1 回の講演会を行う代わりに，読書相談会の頻度を年 6 回に減らしています。2012 年 4 月までの読書相談会

の実施回数は延べ70回になります)。その後,多読用図書は2,610冊まで増え,貸出冊数は年間4,500冊程度で推移しています(2012年2月)。蒲郡市立図書館では,もともと多読用図書以外の英文図書の所蔵は少なかったのですが,多読用図書導入後は,英文一般図書に対するリクエストもあり,2010年以降はベストセラー小説を中心に英文の一般小説も少しずつ蔵書に加え始めています。

(3) 一宮市の場合――利用者のリクエストから

　一宮市立豊島図書館(現在は2013年1月開設の中央図書館に統合)は,複数の利用者からのリクエストを契機として2007年6月に多読用図書を導入しました。同図書館が2008年度の多読用図書貸出冊数8,861冊を世代別に分類したところ,多読用図書の利用は成人が中心で(女性が62%で,とくに30代の利用者が多い),若者(小学生～大学生)にはあまり利用されていないこと等が明らかになりました(グラフ4.1)。ただし,全図書の貸出冊数も同様の年齢別傾向を示すようで,特に多読用図書だけが若者に利用されていないというわけで

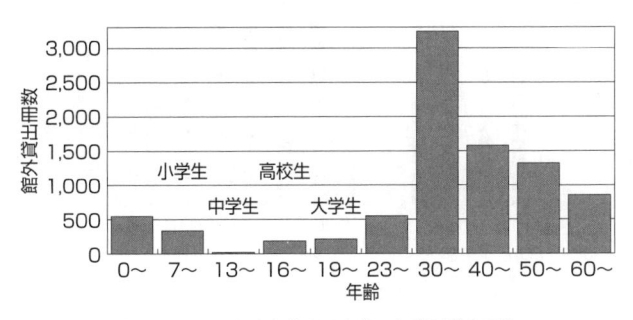

グラフ4.1　一宮市立豊島図書館の年代別貸出冊数

はないようです。

同図書館の多読用図書は,早期から朗読 CD 付きの GR を揃えたことが特長です。その後,多読用図書を引き継いだ中央図書館では,利用者の地域を限定していないため,近隣市町村以外の遠距離からも利用があります。

(4) 豊田市の場合——愛知県最大の蔵書数,貸出冊数

多読用図書の蔵書数,貸出冊数とも県内でもっとも多いのは,豊田市中央図書館です。多読用図書の導入は 2007 年 6 月で,その後 2009 年と 2010 年にも追加導入し,計 3,000 冊の図書を所蔵しています。蔵書数の増加に合わせて四半期の貸出冊数も段階的に増加してきていることがわかります(グラフ 4.2)。2010 年度には貸出冊数が年間 22,000 冊に達しました。主要駅から徒歩 3 分という立地条件と,貸出許容冊数の多いこと(1 回 15 冊)を差し引いても,多読用図書の利用率

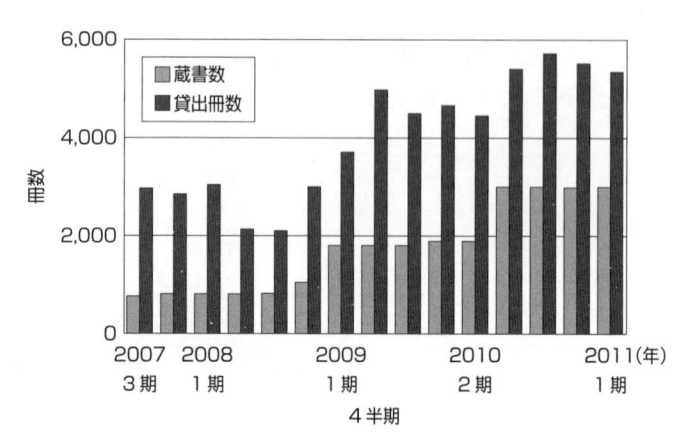

グラフ 4.2 豊田市中央図書館の蔵書数と貸出冊数の推移

の高さは突出しています。

　豊田市中央図書館が導入時に期待した効果は，1）新たな利用者層の開拓，2）既存の英文資料（一般小説と絵本を中心に 14,000 冊を所蔵）の活用・利用の増加，3）ビジネス支援の展開でした。1) は実現していると考えられますが，2), 3) はいずれも今後の課題になっています。

　ただし，同図書館の多読用図書の利用者は，他館に比べて男性の比率が高いようです。たとえば，2012 年度に同図書館が行った 2 回の「英文多読講座」（入門，ステップアップ）参加者に占める男性の比率は，24％，52％と，「ステップアップ講座」では男性が過半数を占めていました。多読関係の講演，講座等で男性参加者が女性より多いことは珍しいと思います。豊田市は自動車産業をはじめとする製造業の集積地で，業務で英語を必要とする社会人が多いためかもしれません。

　一方，利用頻度の高いベストリーダーは，「読みやすさレベル」(YL) 1.0 以下の図書に集中しています。なお，YL は，多読経験の豊かな社会人多読実践者が，学習者の主観を大切にして設定した英文レベルで，主要な多読用図書の YL は『英語多読完全ブックガイド』（コスモピア）に収録されています。愛知県では，YL と語数を表示したシールを蔵書に貼り，利用者の選書を支援する図書館が多いです。前述の講座に占める多読未経験者の割合が 73％，30％であったことからも，利用者の多くは多読の経験が少ない初心者であると推測できます。

　今後，豊田市中央図書館の利用者が，多読用のやさしい英文図書を卒業して一般向け英文図書を利用し始め，同図書館が期待した 2), 3) の効果を得るためには，蔵書の増強も必

要です。これまで入門用に厚く配備したやさしい図書に加え，初級，中級用の多読用図書も充実させ，多読用図書と一般小説の橋渡しする中間的な英文レベルの図書の補充も検討すべき段階に来ているといえます。

(5) 田原市の場合――豊富な朗読 CD

2008 年に多読用図書約 500 冊を導入した田原市中央図書館では，その後も図書を追加し，1,200 冊（2012 年 6 月現在）の多読コーナーをつくりました。朗読 CD 付きの GR を意欲的に収集したことが，同図書館の多読用図書の特長です。また，多読用図書を導入した他の図書館と同様，各図書の表紙に語数シールを貼り，書架にはシリーズごとに英文レベルを表示する等の工夫をしています。

GR シリーズの棚を見やすく表示

左は大人向けの GR，右2冊は子ども向けの絵本

　田原市中央図書館の多読用図書の年間貸出冊数は 5,600 冊（2012 年度）でした。月別貸出冊数の推移を見ると（グラフ 4.3），多読の講演（年 1 回，2012 年は 7 月 15 日に実施）前後の月に貸出冊数が増えていますが，その後は緩やかに減少しています。英文多読の認知度が高くない現状では，多読用図書の利用度を高めるには潜在需要を掘り起こし，既存の利用者を支援する取り組みを継続することが必要でしょう。

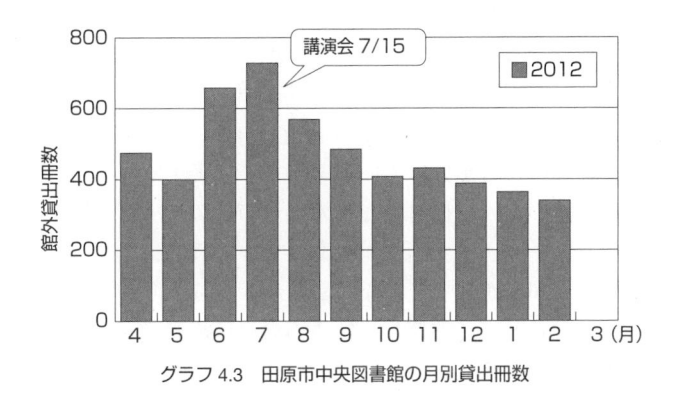

グラフ 4.3　田原市中央図書館の月別貸出冊数

4章　図書館多読—いま公立図書館では………73

(6) 豊川市の場合

　2011年に多読用図書740冊を導入した豊川市中央図書館の状況は，小牧市立図書館によく似ているかもしれません。同図書館の場合も，導入以前に充実した洋書の蔵書を持っていましたが，その利用度は高くありませんでした。隣接する蒲郡市立図書館に英文多読コーナーが設置されたこともあり，市民からの期待も高まっていたようです。多読用図書の導入は，同市図書館基本計画（2012年）に従い，慎重に検討された結果だと聞いています。市民の関心は高く，筆者が2012年11月に行った講演では，若者世代も含め，延べ80名の幅広い市民の参加がありました。同図書館では，今後も多読用図書の充実を検討しており，これからの発展を期待しています。

　また，愛知県内ではほかにも，豊橋市，豊明市，愛知県立，刈谷市等の図書館が数百冊のやさしい英文図書を導入しています。

(7) 公立図書館での多読サービス継続のために

　やさしい英文図書を用いた多読は，学校英語教育では取り入れられていないため，中学・高校生の利用をあまり期待できません。多読用図書を導入した図書館が見込んだのは，成人利用者の生涯学習に対するニーズで，このニーズに対する判断が導入の可否を分けているようです。実際に，2008年に多読用図書の導入を検討したものの，市民のニーズを低いと見て，導入を見送った図書館もあります。他方，地域の図書館に多読用図書が揃っていないことから，2010年に多読用図書を社内文庫として整備し，社員の自己啓発の支援を始めた中堅企業も出てきています。多読用図書を利用するために，

わざわざ近隣の市の図書館を訪れる利用者も少なくありません。

また，愛知県の図書館の事例を参考に，英文図書を導入しても，導入図書の位置づけを明確にしていないと，なかなか利用増にはつながりません。たとえば，多読入門用の絵本として人気の高い Oxford Reading Tree シリーズを単独で導入しても，その後に続くレベルの英文図書が揃っていない場合，利用者が図書館の蔵書で多読を続けることはできません。一方，Penguin Readers 等の GR をシリーズで揃えても，もっともやさしいスターターレベルの図書をむずかしく感じる多くの利用者には，なかなか利用を始めることができません。

絵本から始まり一般小説に至る英文図書体系において，どの部分の図書を，どの時期に導入していくかは，各図書館の利用者の状況を考慮して，計画的に行う必要があるでしょう。

(8) 図書館同士の情報交換・連携

英文多読用図書を導入した愛知県の図書館においても，相互の情報交換や連携は，今後の課題です。英文図書の読みやすさ，各図書に対する利用者の評判，ボランティアを含めた運営，支援方法に関する情報を相互に交換し，可能であれば地域の教育機関とも連携して，地域の生涯学習環境を整える体制を構築していくことを期待したいと思います。

（西澤　一）

4.2 愛知県知多市立中央図書館

　知多市立中央図書館は，公立図書館としては 2014 年現在，日本でいちばん英語多読環境が整っていると言ってよいでしょう。熱心な司書，豊富な多読用図書，わかりやすい展示，多読紹介や多読記録用の小冊子，年に数回はかならず開かれる多読講演会など，現在望める最高の環境をつくっています。

　もしそれ以上に望むことがあるとすれば，図書館内で「多読サークル」が定期的に開かれることだと思いますが，その計画も進んでいるようです。公立図書館が本気で英語多読に取り組んだ最先端の例として，参考にしてください。

(1) 知多市立中央図書館について

　知多市は，愛知県知多半島の北西部に位置する人口約 8 万 6 千人の都市です。当館は知多半島唯一の英文多読コーナーを持つ図書館です。

① 英文多読コーナーの設置

　当館に英文多読コーナーが設置されたのは，2009 年 2 月のことです。当初は Oxford Reading Tree（ORT）メインシリーズと Longman Literacy Land（LLL）メインシリーズに加え，評判の高い児童書を新規で購入し，従来からの洋書を加えた形で約 470 冊からスタートしました。それから 4 年後の現在（2013 年 3 月末）では，2,000 冊を超える蔵書となりました。また，英文多読コーナーは正面玄関を入ってまっすぐ進んだ正面に設

置されており，大変よい場所にあります。ご来館いただければ幸いです。

② 貸出について

　当館は知多半島内の在住・在勤・在学者でしたら利用登録をすることができ，貸出期間は，貸出日から 15 日間，CD は 8 日間です。英文多読用図書は知多半島内で継続的に利用している人も多くいます。また，最近では図書館間での相互貸出の申込みも増加しており，県内の図書館はもちろん，県外からの申込みも頻繁です。

　公立図書館では予算などのさまざまなハードルがありますが，導入すれば反響があり，利用も多く見込まれるのではないかと思います。生涯学習のバックアップの一つとして，英文多読に力を入れる図書館が増えていくことを願っています。

③　英文多読コーナーへ向けて——選書・購入・整備
【2009 年度】

　この年から毎年多読用として 50 万円の予算を得ることができたので，まず多読用資料の種類を充実させることを目的に図書を収集しました。まず，基本書となる ORT メインシリーズの CD 付きを予算に合わせ Stage 1〜5 まで購入し，GR（Graded Readers）として Penguin Readers と Macmillan Readers から「おもしろい」と定評があるもの，また，児童書として当館でも和訳本が人気の Rainbow Magic シリーズなどを購入しました。

　ところが，利用者からの反応は薄く，アピールの方法で悩んでいました。縁あって，秋に西澤一氏（豊田高専）から直接

アドバイスをいただくことができました。また，その際に酒井邦秀氏（当時電気通信大学，現 NPO 多言語多読理事長）を紹介いただき，2 月に講座を開くことになりました。

装備については，西澤氏の厚意で氏をはじめとする多読経験者に，ボランティアで「読みやすさレベル」（YL）のラベルを貼付していただきましたが，YL は主観的なものであり，経験の乏しい私たちでは判断ができませんでした。かわりに多読用の図書目録を作成し，その表に『英語多読完全ブックガイド』に記載されている YL の表示と語彙レベルを表記し，ホームページ上から閲覧できるようにしました。

また利用者への多読用図書アピールの第 1 弾として，2 月に講座を行い，それ以降，英文多読コーナーで利用者を見かけるようになりました。けれども英文多読コーナーは始まったばかりで所蔵数が少なく，利用者が多読を続けていくことのできる環境を整えることが次年度の課題となりました。

【2010 年度】

まず，ORT メインシリーズ CD 付きの残りを購入し，これで ORT メインシリーズがすべて CD 付きになりました。また，GR からは Penguin Readers（PGR）シリーズを全レベル CD 付きで購入し，児童書からは人気のある Nate the Great シリーズなどを購入しました。これで GR，児童書の基本書ともに，ある程度の冊数となり，ORT が終了した人のステップアップの第 1 弾が用意できました。PGR は購入当初はあまり利用がありませんでしたが，講座の中で紹介いただき，その後レベルの低いものから順に利用頻度が上がっていきました。

2 年目で基本書を揃えることができたので，今後は利用者

のステップアップとなる資料の充実をはかるとともに，基本書の層を厚くすることが課題となりました。

【2011年度】

この年は，「読みたい本が選べる」環境を整えることを目標としました。第一に読みやすい資料の選択肢を増やすこと，第二にORTやLLLの読了後の選択肢を増やすことです。

第一に挙げた目標のために，ORTの新シリーズFloppy's PhonicsのCD付きパックを全レベル購入することから始まりました。ORT本編と比べると利用頻度はあまり高くありません。英文多読への入口として，低年齢層にアピールしていきたい資料だと考えており，活用方法やアピール方法を探っていきたいです。

加えてノンフィクション系の資料をと考え，ORTシリーズのFirefliesを全レベル購入しました。それまでの蔵書構成は物語の比率が高かったので，ノンフィクション系のシリーズを入れたいと考えたからです。こちらもORT本編と比べると利用頻度はあまり高くありませんが，一度読んだ人は続けて同シリーズを借りていく傾向があります。書棚で表紙を見せるなどの工夫をして，より手に取ってもらえるようにしたいと思います。

第二の目標であるORTやLLLの読了後の選択肢を増やすために，Macmillan Readers 全レベル（CD付き），GRの中でも書き下ろしで特におもしろいと評判のCambridge English Readers（CER）の全セット（CD付き）を購入しました。CERは当館でも大変人気で，全巻読んだ利用者もいます。「新刊は出ないの？」とたずねられることもしばしばです。

そして CER の人気を考慮して，同じく書き下ろしシリーズ Cengage Page Turners の既刊分すべてを購入しました。こちらも CER には及ばないものの，利用者の反応は上々です。

他には，夏のイベント「子どもと英語を楽しもう」に向けて，「Baby Bear, Baby Bear, what do you see?」をはじめ英語絵本 41 冊を購入し，講座に備えました。また，ティーンズ向けを想定して Black Cat Green Apple Readers 全レベル（CD 付き）で，人気の「Magic Tree House」の続刊を購入しました。

2011 年度は大事な GR シリーズ二つを購入したことで，利用者の資料選択の幅はかなり広がりました。付属の CD を提供するまでの装備には労力・時間を要しましたが，資料としてはかなり充実したかと思います。

【2012 年度】

前年度で「読みたい本が選べる」環境はおおよそ整いました。そこで，この年は引き続き入門期用の読みやすい資料を充実させること，新たな目標としてペーパーバックの充実に努めることを設定しました。英文多読の最終目標とも言えるペーパーバックの選択肢が増えることで，より読書に対する情熱が湧くのではないかと考えたからです。

一方，読みやすい資料の充実のため，子どもが大好きなディズニーのお話を取り入れた新規シリーズ Penguin Kids を年度始めに購入しました。また，Foundations Reading Library（FRL）シリーズはティーン向けに全冊購入し，ORT 以外にも語数が少ない Leveled Readers（LR）を導入しようということで，Biscuit シリーズの新刊，Little Critter シリーズ（ICR My First），Fancy Nancy シリーズ（I CAN READ Books レベル 1），ア

ーノルド・ローベル作の本を購入しました。さらにノンフィクション系の拡充のため、Longman Literacy Land Info Trail シリーズ（CD付きセット）を揃えました。

Penguin Kids は整備途中の段階ですでに予約が入り、棚に並んだ時点ですぐに貸し出され、ディズニーの力は偉大だなと実感しました。I CAN READ Books シリーズは変わらず人気で、棚にあまり並んでいない状態が多いように感じています。Foundations Reading Library シリーズは若い女性が借りていく姿をよく見かけます。

「できるだけ読みやすいもので語数を伸ばすとよい」と講座で西澤氏が話されていましたが、やはり YL が低い本ほど利用頻度が高いです。

なお、ペーパーバックはルイス・サッカーの作品、Deltora Shadowlands シリーズ、「エルマーとりゅう」シリーズの原作、ロアルド・ダールの作品など人気の児童書に加え、大人向けにニコラス・スパークスやソフィー・キンセラのペーパーバックのような読みやすいものから、スティーブン・キングなどのホラー、ダン・ブラウンのミステリーなど、ジャンルが多岐にわたるように考慮しました。中でもルイス・サッカーの本は大変人気です。

他には、GR の Oxford Bookworms Library シリーズ（CD付き）を購入し、ORT のサブシリーズである Decode and Develop Stories シリーズ（途中まで）、Tree Tops Time Chronicles シリーズと ORT 本編への導入や本編読了後も楽しめるような蔵書構成を考えました。Oxford Bookworms Library シリーズも他の GR にはない名作の簡略版がありますので、Penguin Readers シリーズや Macmillan Readers シリーズを読んだ人がこのシリー

ズに移行しています。

　この年で大事な GR シリーズがすべて CD 付きで揃い，ORT や LLL などのメインシリーズだけではなく，サブシリーズも充実させることができました。また，最終到達地点と考えるペーパーバックも広がりを見せています。始まりから自由な英語の読書まで，当館の英文多読コーナーで楽しめるような蔵書構成になりました。今後は，すでにある本をより多くの人の手に取ってもらう努力をし，利用者の様子や声を聞きながら，さらに魅力的なコーナーづくりに努めたいと思います。

充実した英文多読コーナー

④　英文多読を進めるためのバックアップ——講座の実施
【「英文多読」とは？】
　英文多読の講座は 2009 年度から始まりました。初回は酒井氏に「英文多読とはなにか？　どうやってやればいいのか？」をテーマにお話いただきました。初回ということで不安もありましたが，10 代から 70 代まで広く参加があり，ほとんど

の参加者から好評を得ることができました。ただ，1度だけでは認識度が低いということもあり，翌年度から定期的に講座を開催し，広く認知を広げる方向へ進むことになりました。

2010年度は，前回講座の参加者から，実際にどうやればよいのか具体的に教えてほしいという意見が多数寄せられましたので，ステップアップをテーマに3回の講座を開催しました。初夏には酒井氏が「英文多読をはじめた方へのアドバイス」をテーマに話されました。酒井氏は，英文多読の楽しさ，「シャドーイング」の大切さを語り，参加者の多読への興味を多く引き寄せたと思います。

夏には，西澤氏を講師に「英文多読体験会」を開催しました。基本書となるORTを体験していただくため，豊田高専よりORTを拝借しての実施となりました。また，すでに多読を進めている参加者へ向けて，当館のPGRも用意しました。実際に本に触れ，どのように読んでいけばよいのか，どのようにしてはいけないのかを，西澤氏の解説のもとに体験することで，実践できる自信がついたという意見を多くいただきました。

冬には酒井氏を講師に「体験会」を開催しました。電気通信大学の学生のエピソードを踏まえた体験会となり，初めての参加者も経験者も楽しむことができました。

【より幅広い支援へ——年齢層の拡大】

2011年度は，2回の講座を開催しました。前年度は"初めて"の人に向けた内容を実施し，50代以上の利用は増えたのですが，それ以外の年齢層の利用があまり見受けられませんでした。そこで，違うアプローチから利用増をねらい，「子ど

も」に英語の本を手に取ってもらうための講座を企画しました。講師には、当館に所蔵されている『読み聞かせのための音のある英語絵本ガイド』(コスモピア、2010)に共感し、著者の一人として携わった児童英語教師を迎えました。

先生には、"子どもに楽しんでもらう"、"手に取ってもらう"には、まずは大人が英語の本を楽しむ姿を見せることが大事と考え、「子どもと英語を楽しもう」と冠し、英語絵本の楽しみ方や子どもに向けての取り入れ方を中心にお話いただきました。

講演の中では、実際に絵本 *Chicka Chicka Boom Boom* の CD を用いて歌いながら本を読んだり、*How to Read the Sky?* (Info Trail Geoglaphy シリーズ Beginner Stage) を使って天気のクイズなども行いました。参加者が、少しとまどいながらも楽しく取り組んでいる姿が印象的でした。

図書館の職員としても、「英文多読」の入口として楽しく英語絵本とかかわる方法を教えていただき、非常に有意義な時間でした。この講座は大人が対象でしたが、子どもに英語は「勉強」という意識が植えつけられる前に、絵本を通して英語への抵抗をなくすことができたらと感じました。そして今後、低年齢層への支援方法を探っていくことになります。

【ORT の後はどうするの？】

2 回目の講座は、西澤氏を講師に招きました。英文多読を始めた人からは、進みが止まってしまったり、ORT は読破したけれども次は何を読めばよいのかという声があがっていました。そこで、多読を無理なく継続するための支援をしたいというコンセプトで、「英文多読ステップアップ講座」を企画

しました。演題を「絵本からペーパーバックへ－楽しく読み進めるには」とし、西澤氏からは ORT を読み終えた後のモデルコースを示していただきました。

具体的な進め方を提示したことで、漠然と簡単な絵本から読み進めていた利用者も、未来像がより明確に見え、取り組みやすくなったようです。アンケート結果でも「絵本からペーパーバックへの流れがわかったので大変よかった」「英文多読には以前から興味がありましたが、本の選び方がわからず、本日のお話は非常に面白く可能性が見えてきました」という意見をいただきました。「英文多読とは」という入口だけではなく、「楽しく続けていくには」という道づくりの段階にきているのだと実感した講座となりました。

【1年を通して支援の場を】

2012年度は英文多読コーナーをより一層の活性化をという方針に基づき、年4回の講座を設けることとなりました。そこで、さまざまなニーズに対応しようと考え、講座を組みました。1. 初心者向け、2. 低年齢層への入口、3. ステップアップ、です。

「1. 初心者向け講座」については、愛知学院大学などで教鞭を取る山中純子氏を講師に、初の試みとなる連続講座「楽しく英語とふれあおう！－はじめての英文多読」を企画し、7・8月に実施しました。1回目の講座は「スタート編」とし、おもに英文多読についての解説、本の紹介を行いました。

2回目の講座は「体験編」とし、実際に本を読む体験を行いました。座学だけではなく、日を空けず読書体験の場を設けることで、「どれから読んだらよいのかわからない」「話は

聞いてみたけれど，また次に借りよう」というためらいをなくすことを目的としました。

　講座の中では「楽読」をキーワードに，英文多読の楽しみ方はもちろん，GRの優れた点について話していただき，新たな発見がありました。その後，GRの貸出が伸びたことは言うまでもありません。

【まずは親しみを感じることから】

　「2．低年齢層への入口」ですが，洋書を手にとってもらうきっかけづくりができればと思い，「英語でワクワク！　クリスマス会」を企画しました。

　図書館にある英語の絵本を用いて読み聞かせ会を行い，クリスマスソングの歌唱，ゲームなどを通じて多文化に触れることで洋書への興味を促そうと考えたのです。英文多読講座初となる子どもへ向けた講座ということで，少しでもクリスマスの雰囲気を出せたらと，会場の飾りつけやミニプレゼント等，試行錯誤で準備を進めました。

　講師の児童英語の先生には，素敵なプログラムを考えていただきました。*Mr.Willowby's Christmas Tree* では身振り手振りを加えながら読み聞かせを行い，*Corduroy's Christmas* に出てきたお星さまを実際にモールで作成しました。その他にも英語でじゃんけんを行ったり，クリスマスソングを歌ったりと楽しい時間を過ごすことができました。この講座には大人，子ども合わせて110名が参加し，大変な盛況となりました。

【CDの活用を！】

　「3．ステップアップ」では，西澤氏に，当館の英文多読コ

ーナーの特色である豊富な図書の付属 CD の活用方法を話していただきました。

　前述のように，当館では，ORT シリーズの付属 CD はもちろん，4 大 GR についても CD 付きのものを購入しています。I CAN READ Books シリーズの一部や Penguin Readers シリーズなど，幅広く CD を取り揃えているのは他の公立図書館では類を見ないでしょう。しかし，CD の蔵書数と利用数は比例せず，図書のみを借りていく人がほとんどで，CD の貸出は限られた人のみという現状があったのです。また，図書館側としても，どのようにすすめればよいのか模索状態にありました。

　講座では，"朗読 CD をすすめる理由"から始まり，多聴の手強さや多読と併用法と，理論から実際まで丁寧に話していただきました。終了後の質疑応答の時間に，質問から疑問まで多くのやり取りが交わされ，利用者のみなさんが熱心に取り組んでいる様子がうかがえました。講座後，GR の付属 CD の貸出が増えたように思います。

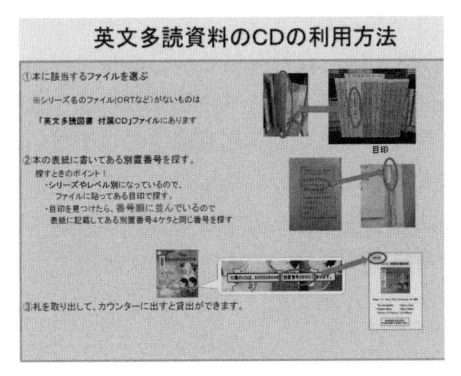

こうした手引きがあちこちに

⑤ より魅力的な英文多読コーナーへ──今後の展望

今後,より一層の多読資料の利用促進と利用者への支援のために,1.資料の収集,2.講座の開催,3.交流の場について,の3点について考えています。

1の資料の収集では,2008年より多読資料を取り入れ始め,LR・GRともに基礎を培うシリーズをメインに取り揃えることができました。今後は,"基礎を培う"から,"より楽しむ"多読ができるように資料を集めることを考えています。また,読み物だけではなく,科学や歴史など幅広いジャンルの資料を集め,多くの人が選択できる資料環境を整えたいと考えています。

2の講座ですが,今後も講座による支援をしていく予定です。英文多読を周知するために,まだまだ基礎的な講座は欠かせません。しかし,それとは別に対象やジャンルをしぼった講座も考えています。これは,基礎講座を受講してきた利用者に,より多様な多読の楽しみ方を知ってもらうためです。対象をしぼることで,参加者同士が一体感をもてる講座にすることもできるかと思います。

3の交流の場とは,資料収集と講座にもかかわることですが,利用者同士が意見交換のできる交流の場を設けるということです。現在,当館では利用者同士のコミュニケーションをとれる機会が準備できていないので,図書館側から多読資料について語れる場をつくることを考えています。

話し合える場があれば,一人ではなく仲間とともに多読を楽しむ環境ができるかと思います。図書館としても,資料収集に利用者の意見を取り入れられるといったメリットがあります。まずは講座などで足がかりをつくり,その後読書会な

どを定期的に開催したいと思案しています。

　上記のほかにも，楽しんで多読を利用していただける環境作りを徹底していきたいと思っています。英文多読資料を「英語だから……」と苦手意識を持つ人もいるかと思います。幅広い利用者が来館する公立図書館として，多くの人たちに利用していただくための支援活動を進めていきます。

（渡壁智恵，下村仁美，宮野ちえ：知多市立中央図書館）

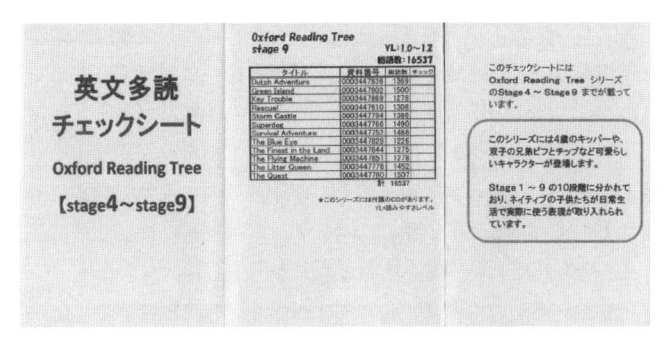

自分が読んだ本を確認できるチェックシートを用意

利用者の声
英文多読の楽しみ

　英文多読を始めて2年半になります。初めて多読講座を受けたとき，多読三原則（①辞書は使わない，②わからなければ飛ばす，③つまらなくなったらやめる）というなんとも魅力的で，お手軽読書法はいいかげん，かつ，なまけ者の私にぴったりと大いに心動かされました。その上英語力もつくというので，い

4章　図書館多読―いま公立図書館では………89

くらか疑いつつさっそく始めました。

　最初にマクミラン，ペンギン，ケンブリッジ出版のレベル1から始め，2，3，4と進むうち，英文多読用の本のたくみな構成が手に取るようにわかり，知らないうちに過去の学習が呼び戻され，文法や語法，イディオムまで努力なしで，それなりに身についていくのを感じ，その効果をいささかでも疑ったのを申し訳なく思ったものです。

　さて，私の経験から考えると，レベル3，4ぐらいから次第に英文という概念から解き放され，日本語に近いレベルで感動できるようになり，それがますます楽しみにつながっていきました。また英文の安易さもさることながら，多岐にわたるジャンルに目をみはります。はじめ興味のあるものを選んで読んでいましたが，好奇心が次々と頭をもたげ，この2年半で読んだ本は195冊，250万語を超えています。レベル6になると本によって読む速度はいくぶん落ちましたが，楽しみは続きます。

　なお，多くの本には添付のCDがあり，専門家によるすばらしい朗読を体験できるので，読書と同時にリスニングも楽しんでいます。本によっては内容に適した音楽の挿入もあり，これも魅力の一つです。

　幸い知多市立中央図書館には多くの英文多読用の本が備えられています。児童書なども充実し，まだまだ私の楽しみは続きそうです。

　さて，この英文多読体験から得られたものは次のとおりです。
①労なくして読む喜び，楽しさを味わいつつ英語力の向上が得られたと思います。
②英文に対する抵抗がなくなり，自国語に近い認識ができるようになりました。

③英文を英文として理解し，体で感じられるようになりました。
④外国人と話すときの緊張感が明らかに減少します。

　こんなわけで，「英文多読」は実に効果的な英語上達の鍵かもしれません。多くの方が英文に親しみ，喜びを感じながら楽しんでいただけたら，すばらしいと思います。

(60代　女性)

4.3 岐阜県各務原市立中央図書館
――「英文多読コーナー」設置までの足跡

　各務原市立中央図書館が多読図書を備えるには，ほかの公立図書館と少し違った経緯がありました。各務原市の机恵さんの報告の最後にもありますが，いくつかの幸運が重なって，ほかに例のないほど滑らかに多読が始まったようです。

　そもそも机さんは市の図書館に勤めていたのではなく，各務原国際協会に勤務していました。そのときまわりに多読を知る人がいて，そこから多読に興味を持ったこと，市が市民の読書環境整備に熱心に取り組んだこと，多読講演会を何度も開くことができたこと，多読仲間の交流を支える人たちがいたこと……，そのいきさつは何人もの人の理解が実際の行動へ，たくさんの人の共感へと高まるドラマのようです。

　各務原市立中央図書館では現在，「読みやすさレベル」(YL) 0.1 から YL5 程度の多読用書籍約 1,400 冊を多読コーナーに

備えています。これらの本は「各務原国際協会」の寄贈により実現しました。コーナー設置までの足跡を担当者として振り返ってみたいと思います。

(1) 多読コーナーの始まり

　各務原市では中央図書館とは別の洋書コーナーとして，「アメリカンシェルフ」の存在がありました。それがそもそもの始まりでした。これは市庁舎の一角にあり，管理は図書館ではなく各務原国際協会が行っていました。蔵書はアメリカン・センターからの寄贈によるもので，子ども向けの絵本の良書（Curious Georgeやコルデコット賞受賞作品など）を含む250冊程度の小さな洋書コーナーでした。

　「子どもと絵本を読みたい！」と思っていた私は，このコーナーを見つけたときに驚きました。文章の多い絵本は当時の中央図書館や岐阜県図書館でも見かけましたが，小さな子どもと楽しむ絵本はなかなか見つからなかったのです。また自分で購入しようと思っても，手に取って見ることができる本屋は名古屋市まで行かなければないですし，そんなにたくさん買うこともできません。「アメリカンシェルフ」は私にとって，うってつけのコーナーで，その後頻繁に利用するようになりました。しかし「アメリカンシェルフ」の存在はあまり知られていないようで，どの本もとてもキレイなままで，残念なことだなあ，と思っていました。

(2) 多読との出会い

　ここで私の「多読」との出会いを簡単に振り返ります。
　もともと英語教師だった私は，育休の間子どもに英語をイ

ンプットしてみたいと思い、「英語で子育て」というような類の本を読んで実践していました。日常の基本的な話しかけを英語でしていたところ、興味を持ってくれて仲よくなった友人がいました。この友人はCTPシリーズ（アメリカ Creative Teacing Press 社の Learn to Read シリーズ）を使っていると教えて、『英語多読完全ブックガイド』（コスモピア）を貸してくれました。英語で子育てもよいのですが、そもそもネイティブではない（それほど上手でもない）私の場合、何といってよいかわからないときがあったり、徐々にワンパターンになってきていたので、限界を感じていて、「英語絵本で子育て」に興味を持ちました。母語だって豊かな日本語は絵本から学ぶのだから当然だな、と思いました。

インターネットで調べてみると、英語絵本を使った指導をしているKさんという方が知多市にいらっしゃいました。私はどうしてもお話ししてみたくなり、1歳の娘をつれて片道約2時間、訪ねて行きました。このKさんのお宅でたくさんの絵本を見せていただいて、Oxford Reading Tree（ORT）やその他の絵本にわくわくしました。こんな本を私たちも楽しむことができたら……。でも、私には絵本をどんと束で買うことはできませんでした。そんな私にとって、「アメリカンシェルフ」はとても重要な「My bookshelf」だったのです。

Kさんからは絵本だけではなく、大人の「多読」や酒井邦秀氏、豊田高専の西澤一氏のことも教えていただき、私が「多読」に興味を持ち始めたきっかけになったと思います。

(3) 始まりは国際協会から

それから縁があって、私は2010年の春から各務原国際協会

で仕事をさせていただくことになり，「アメリカンシェルフ」管理の担当になりました。利用者として出会ったときの喜びと，あまり知られていないことを残念に思っていましたので，せっかくの洋書を活用するために幼児向けの「英語絵本よみきかせ会」を催して，利用を促進することにしました。また，大人の英会話講座の受講者にも絵本を読む「多読」についてクラスの中ですすめたところ，興味を持つ人が出てきました。ちょうどアメリカン・センターの担当者が「多読」に関心を持っていたこともあり，2010年度の寄贈図書には多読用の I CAN READ Books シリーズや Magic Tree House などを入れていただくことができました。

　その流れの中，2011年1月，知多市で行われた酒井氏の講演会に参加する機会がありました。公立図書館の充実した多読コーナーに驚き，うらやましく思ったのはもちろんのこと，「多読」への興味もより深くなりました。各務原でも酒井氏の話を聞く会を企画し，多読をより多くの人に知っていただきたい，と思い酒井氏に相談したところ「どこへでも行きますよ！」と言ってくださいました。さっそく国際協会事務局で相談したところ，2011年6月の講演会が実現しました。このようにいうと「そんなにあっさり？」と思われるかもしれませんが，ここでは次のような追い風があったのです。

(4) 市が読書環境を推進

　まず，各務原市が「本の街　かかみがはら」として市民の読書環境を整える取り組みに積極的だったこと，各務原国際協会が行ってきた子ども向けの「よみきかせ会」が評価されていたこと，上司が「多読」を実践していて（酒井氏のやり

方とは違った自己流でしたが),「多読」の導入に好意的だったことが挙げられます。

　講演会の実施にあたり, 西澤氏に選書から講演会のコーディネートまで支援していただくことができました。国際協会として, ORT ステージ1〜4や Cambridge English Readers レベル1〜3を数冊ずつ購入したことによって,「アメリカンシェルフ」は発展し, 小さな「英文多読コーナー」ができあがりました。

(5) 初めての多読講演会

　酒井氏の講演会は大盛況で, 話を聞いた参加者からは「多読をやってみたい」「英語に対して肩の力が抜けた」という声が多く聞かれました。酒井氏の著書を読むことで多読と出会うことはできますが, 生の話を聞ける機会はやはり何ものにも代えがたい出会いの機会になります。講演会の後,「アメリカンシェルフ」を利用して多読を始める人が増えました。

　その一方で私が気になっていたのは,「アメリカンシェルフ」にどんなに多読図書を増やしても, 図書館とは違って市庁舎の片隅なので, 気づいてもらいにくいこと, 土曜・日曜の利用ができないので, 利用したくてもできない人が多いことの2点でした。やはり知多市のように, 図書館に多読コーナーがあることが, 利用者にとってベストであることは明らかでした。

　それでも,「アメリカンシェルフ」では子どもと一緒に絵本を楽しむ人, 自身の英語学習の一部として読む人たち,「楽しく読めるものを読んでくださいね」「絵を楽しんでくださいね」と, 私なりに「多読三原則」を紹介しながら, 選書の手

伝いをしていました。

(6) いよいよ図書館へ

酒井氏の講演会から4か月ほどたったころ、もっと充実した「多読コーナー」を各務原市につくろうではないか、という追い風が吹いてきました！　これは各務原国際協会とは別の方向からでした。「英文多読コーナーと名乗るなら、もっと蔵書を増やすべきだ」という意見が市役所内から上がったのです。

これまでの流れから、国際協会が主導し、動き始めることになりました。設置場所は、より多くの人が利用できるように、ぜひ中央図書館に！　という私の思いも、周囲のみなさんに支えていただき実現できることになりました。

折しも設立25周年を迎えた各務原国際協会が、約1,000冊の本を選書し、中央図書館に寄贈するという形で実現できることになったのでした。

(7) 読書サークルの役割

たくさんの本を多読経験の浅い私だけで選ぶのはとても無理なことで、知多市での講演会以来、お世話になってきたベテラン多読実践者のNさんにアドバイスをいただくことにしました。各レベルのバランスを考え、人気のシリーズを教えてもらいリストアップし、また西澤氏の指導も得て、最強の「図書館多読はじめてリスト」ができあがりました。

多読用図書には読みやすさレベルや語数が表示されていると利用しやすい、ということで、「アメリカンシェルフ」の図書にはできるだけラベルをつけて表記してきました。しかし

約1,000冊ともなると何日かかるか……？　ここでもNさん，西澤氏をはじめ多読実践者のみなさんが助けてくださり，一緒にラベル貼りをしてくださって，なんと1日で終わってしまいました。多読仲間の行動力には驚かされるばかりでした！

　この後，図書は各務原市中央図書館に引っ越し，丁寧に装備され，蔵書として登録されました。とても大変だったと思いますが，スピーディに作業していただき，図書館に入ってすぐのカウンター前，というベストポジションに「英文多読コーナー」が誕生したのは2012年5月のことでした。この寄贈計画とともに，酒井氏の2回目の講演会も企画されました。図書のお披露目はなんとか講演会の前に，という目標がありましたが，無事に間に合ったのでした。

　設置してすぐ，ORTのシリーズはあっという間に書架から消えていきました。講演会の前から目に留まることで利用する人がたくさんあったようです。やはり「アメリカンシェルフ」とは利用者の数が全然ちがいますので，たくさんの人たちに利用いただけるのだと，とてもうれしく思いました。

　そんな中，2012年6月，酒井氏の講演会は中央図書館のホールで行われました。集まった参加者は，講演終了後にコーナーへ移動し，本を手に取りながら酒井氏に相談することができました。

(8) 交流会で支え合うこと

　多くの人の支援により，各務原では多読に必要な「たくさんの本」を用意することができました。次に必要なのは「仲間」でした。いざ「多読をやろう！」と思っても，自分一人

ではなかなか続きません。せっかくの図書を生かすためにも「交流会をやろう！」ということになり，2012年7月から前述のNさんの協力を得て，「英文多読★交流会」を月1回のペースで実施してきました。参加メンバーは増えたり減ったり，「続けられるかな？」と思うときもありましたが，徐々に新たに興味を持つ人が出てきました。多読の効果と同じく，じわじわゆっくり仲間の輪も広がっていくのではないかと，手応えを感じています。

　各務原国際協会では，2013年も酒井氏を講師として，講演会を行いました。利用者のみなさんと「英文多読コーナー」を育てて，多読の輪が広がっていくことを願っています。

(9) 多読コーナーの成果について

　私自身の多読を知ってからの読書記録を見ると，2011年までの3年間は，子どもと絵本を中心に読んで15万語でした。2012年は絵本と同時に図書館のGRも読むようになり，約70万語を読むことができました。GRを積極的に読んでいる利用者の中には，この1年であっさり100万語を突破した人もいます。私は読んだ本をFacebookにアップしていますが，これも友達同士「今度それ借りてみよう！」「私も読んだよ。おもしろかったねー」という会話になり，読書の励みになっています。たくさんの本が身近にある，というのはとても重要だと実感しています。

　すべての公立図書館に「英文多読コーナー」を設置することができたら，多読の間口はとても広がります。各務原のような追い風はとても珍しいことだとは思いますが，「こんな本があったらなあ」「こんなコーナーがあったらなあ」と声を出

していくことで，理解してくれる人，支援してくれる人が現れるかもしれません。先輩の多読仲間のみなさんも，きっと優しく応援してくれます！

各務原市，各務原国際協会の多読事業を応援してくださるみなさんに，心から感謝申し上げます。

(机　恵：元各務原国際協会スタッフ)

利用者の声
やっぱり仲間がいてこそ！

子どもの英語学習教材を探していたところ，多読のブログを見つけました。「これだ!!」とひらめき，まず，子どものためにORT Stage 1〜5を購入し，毎晩のように読み聞かせをしました。その後，多読の先輩たちと出会い，今度は私が挑戦してみようと……。

私自身は英文科を卒業し，6年ほど出版社で中学，高校英語検定教科書や英語関係の本の編集に携わりました。しかし，勉強のためにとペーパーバックを手にしてもなかなか読み切ることができませんでした。

2008年から，英語の段階別読み物がある図書館で1年ほど頑張りましたが，100万語という目標にとらわれて早い段階からむずかしい本を読み，わからない単語でつまずくようになって，だんだん読めなくなりました。そうこうするうちに，夫の転勤で岐阜市から高山市に転居したため，ますます遠のきました。その頃は，「わからない単語は飛ばす」ということは知りませんでした。

2012年に岐阜市に戻り，酒井邦秀先生の講座を聞いて多読を再開しました。やさしい本をたくさん読んだ方がよいとアドバ

イスいただき，徐々に楽しさがわかるようになってきました。また，近隣の各務原図書館を利用できたことはLUCKYでした。読めなくて落ち込んでいるときも，交流会に参加することで元気がもらえ，また頑張ろうという気持ちが起きます。仲間がいることで乗り越えられることがあります。今は仲間の大切さをひしひしと感じています。

(山口さん)

多読支援も「楽しい」が一番！
—— 交流グループを支えて

　私が多読に出会ったのは，2005年の夏でした。酒井先生の講演を聞き，おもしろそうと思って，即開始。英語学習が目的で始めたのが，いつの間にか趣味となり，8年がたちました。2人の息子たちもいつしか多読を始め，楽しそうに読んでいる姿を見て，自宅の英語教室に多読を導入。以来小学生から大人の方まで，楽しく英語に触れ合っている様子を見守っています。

　2012年5月，各務原市立中央図書館に，おそらく岐阜県の公立図書館で初めての本格的な「英文多読コーナー」ができました。記念に行われた酒井先生の講演会は大盛況で，多読を始める人も増えると予想されたので，多読が根づくようにと，初心者のフォローをおもな目的とする多読交流会が発足し，アドバイザーとしてお手伝いすることになりました。これは，「多読をどう始めたらよいのかわからない」「辞書をひかなくても本当に大丈夫？」など，初心者ならではの疑問に先輩たちがアドバイスしたり，すでに多読をしている方たちにとっても情報交換できる場になればという思いで始まりました。県外から「多読友

達」に来てもらい，多読の魅力を語ってもらうこともあり，常連の参加者も増えていきました。多読は楽しむことが大事なので，励まし合い楽しさを共有できる仲間は，重要なポイントです。交流会はそんな仲間づくりの場にもなります。交流会の支援をしていく中で，「楽しいから続けられそう！」「モチベーションを保てる」という声を聞くと嬉しくなります。

今後も初心者と先輩の気軽な交流という要素を大切にしつつ，楽しいブックトークを披露し合い，温かく魅力的な多読交流会として活動していけるよう，私自身楽しんでお手伝いしていきたいと思います。

(滝本ひさよ：児童英語教室主宰)

4.4 東京都新宿区立四谷図書館

新宿区立四谷図書館の司書，熊谷典子さんは自分自身で多読をしてきました。そして多読図書について該博な知識を持っています。四谷図書館の特長はすべて館長の理解と司書の方々の熱意から発しているように見えます。カウンターで，書棚の前で，熊谷さんは多読に興味を持った人に話しかけ，読書案内をします。そして英語の本と楽しくつきあえるようになった人たちの明るい表情を楽しみにしています。

それだけではありません。知多市立図書館の場合もそうですが，常に利用者が英語多読に入りやすく続けやすいようにと気を配っているようです。その細かい気配りを読み取っていただければ……。

(1) 始めたきっかけ

　図書館で洋書の担当をしていて、棚の整理をしながら日々感じていたことがありました。それは、「8門の英語学習本は人気があるのに、洋書はなかなか借りてもらえない。やさしい英語で書かれたよい本もあるのに、棚で眠ってしまって利用してもらえないのは残念」ということでした。敷居が高いイメージがあるのか、英語に関心を持つ人は多いのに、なかなか洋書コーナーには、足を運んでくださらないのです。

　そんなとき、頭に浮かんだのが、自分が高校生のときに塾で出会った「英語多読」でした。文法も訳も気にせず、やさしい英語の本をたくさん読んでいるうちに、いつの間にかペーパーバックまですらすら読めるようになって大いに楽しかったことをふと思い出し、この方法を図書館で紹介し、英語の読書をもっと気軽に楽しめる場を提供できないかと考えました。絵本から始めて、最終的には自分の好きな分野のペーパーバックが読めるようになるわけですから、今眠っている洋書たちもきっと読んでもらえるにちがいない、というわけです。せっかく洋書のコーナーがあるのだから一人でも多くの人に、英語の本を手に取っていただきたい、という思いでした。

　また、ただやり方を紹介するだけでなく、参加者が語り合える場を図書館がプロデュースできたらよいと思いました。講演会を開けば、英語に興味を持つ人が参加します。そうした人たちが交流し、英語の読書を通してつながっていくきっかけをつくりたい。そんな思いで始めました。初回は私が講師役をし、ごく少人数で行いました。そして2年目以降は幸いにも、酒井邦秀氏を講師に迎えることが実現し、より多く

の人に英語多読を知っていただく機会を得て，今に至っています。

(2) 四谷図書館における取り組み

四谷図書館における英語多読への取り組みは，大きく分けて以下の4つです。
①講演会＆体験会
②パネルと関連図書展示
③専用コーナー常設と蔵書構築
④「だれでも多読サークル」の立ち上げ
それぞれの実施の概要は以下のとおりです。

① 講演会＆体験会

まず，講演会＆体験会については，英語多読とはいったいどのようなものなのか，そのやり方を紹介し，実際に図書館の英語絵本を使って体験していただくという形が基本となります。講演会と体験会を組み合わせている点がポイントで，「話を聞くだけではなく，実際にやってみて質問もできるところがよい」と参加者から毎回好評を得ています。もっと読みたい場合はその場ですぐ借りて帰ることができる点も喜ばれており，ほとんどの参加者が借りて行き，合計100冊以上の貸出になったこともありました。

何度か実施するうち，経験者向け，親子向けのイベントもぜひやってほしいという希望が寄せられ，2年目以降はそれぞれ計画を立て，内容もバリエーション豊かになりました。経験者向けでは，絵本の次のステップとしてCDを聞き流しながら本文を追う「聞き読み」の体験を，親子向けでは，読

み聞かせのポイント解説と大型絵本を使った実演を行いました。どちらも和気あいあいとした雰囲気の中，参加者からは熱心な質問がどんどん飛び出し，時間が足りなくなるほど盛り上がっていました。

　また，講演会の後，今後も英語多読を続けたいと考える人が自分で本を探しやすいように，という趣旨で，英語多読に使えるスポット（洋書コーナー，洋雑誌，英字新聞，8門英語関連棚）を回りながら担当スタッフが本を紹介する「図書館ツアー」を実施しました。このツアーについては「館内の洋書の場所がわかってよかった」「これまで英語の本は購入していたが今度から利用したい」等のコメントが寄せられ，これまで洋書コーナーがいかに知られていなかったかということがよくわかりました。興味を持つ利用者へその存在を周知していく重要性を改めて感じた瞬間でした。

② パネルと関連図書展示

　イベント開催時期に合わせて，館内の展示スペースで英語多読をテーマとしたパネルと図書の展示を行いました。初年度は英語多読の紹介とよくある質問を，2年目は講師の酒井氏へのインタビューをもとに，上記の内容をさらに詳しくまとめたものをパネルにしました。イベントは毎回参加希望者が多く，定員25名に対して40名ほどの応募があって抽選をせざるを得ない状況。そこで，抽選に漏れてしまった人も英語多読の魅力を体感できるような展示を考えました。図書展示は，冒頭に，初めての人がやり方を学べる関連本を並べ，次のコーナーからはシリーズごと，レベルごとにブックトラックで分け，それぞれの特徴を書いたPOPをつけて紹介する

形で行いました。さらに，新宿区に所蔵がある英語多読関連資料をまとめたブックリストを作成し，配布したところ，「自分で多読を進めるのに便利！」と好評でした。展示終了後，パネルのデータをカラー印刷してパンフレットの形にし，英語多読を紹介するツールとして活用しています。

できれば表紙を見せます

③ 専用コーナー常設と蔵書構築

展示終了後も「あそこでやっていた特集の本はどこにあるのか？」といった質問がカウンターに多く寄せられ，反響が大きかったため，英語多読専用のコーナーを設ける運びとなりました。コーナーを常設すると，2つのよい変化がありました。まず，洋書を寄贈してくださる人が増えたこと。英語

多読に使う洋書は薄い割に高いものが多く、限られた予算内で量をたくさん揃えるには時間がかかるという問題がありました。そこへ、Oxford Bookworms Library をはじめとする Graded Readers（GR）のシリーズなど、多読図書として人気の高いものを多く寄贈してくださる人が何人かいたのです。ありがたいことで、英語多読コーナーは短期間でずいぶん充実し、みなさんにいろいろな本を提供できるようになりました。また、大人向けの洋書にもリクエストが入り始め、洋書全体が活性化した印象でした。利用者がどのような本を求めているかがわかるため、その後の選書の参考にもなりました。

多読コーナーに置く本には、別置シールをつけて色分けし、一目でレベルがわかるようにしてあります。また、シリーズごとに小見出しを入れ、読みたい本を探しやすいよう工夫しました。

シリーズ名を目立つように

現在の所蔵数は約940冊，中でも人気があるのはOxford Reading Tree，CD付き絵本，各種GR，そして多読のやり方のガイド本です。蔵書構築については，イベント時のアンケートやカウンターに日々寄せられる声などを参考にしつつ，レベル，ジャンルに偏りがないよう，バランスよく選ぶことを心がけています。

　また，常設コーナーが定着したため，講演会の最後には洋書検索ガイド，役立つウェブサイト紹介，そして段階別ブックトークを行うようにしています。検索ガイドでは，自宅から予約を入れるとき，どのようなキーワードで検索すると効率よく洋書を調べられるか説明し，Web OPACの活用方法をお伝えするものです。役立つウェブサイト紹介では，語数や「読みやすさレベル」(YL)，あらすじが調べられるサイト（SSS書評，多聴多読ステーション）や多読全般についてはtadoku.org（NPO多言語多読）などのサイトの特徴と使い方の紹介をしています。そして段階別ブックトークでは，参加者のレベルに合わせて，おすすめの洋書の紹介を行っています。講師の話の後で図書館員が行う，こうした「オマケ」プログラムは参加者が求める情報を伝えられるだけでなく，図書館サービスの周知・利用増加にもつながるため，一石二鳥です。

④　「だれでも多読サークル」の立ち上げ

　英語多読を楽しむ人たちが気軽に集まって交流できる場所をつくれないかと始まったのが，「だれでも多読サークル」です。講演会＆体験会の参加者から「経験者に具体的なやり方を聞いてみたい」「多読をしている人同士集まれる機会をたくさんつくってほしい」「1度きりでなく是非また参加したい」

等の要望が多く寄せられたため，多読経験者が中心となり，本の読み合いをしながら，質問，アドバイスをお互いに話す読書会を開きました。立ち上げにあたっては参加者の自主性を重要視し，図書館はあくまでもサポート役に徹することに気を配りました。そのため，リーダーシップをとる多読経験者の存在が必須となります。四谷図書館では，「NPO多言語多読」がボランティアで協力してくださいました。カウンターで，今読んでいる本のどこがおもしろいかを熱く語る人もあり，担当者としてこんなにうれしいことはありません。

(3) 今後の展望――本と人，人と人をつなぐ

インターネットが普及し，欲しい情報が比較的早く簡単に手に入るこの時代，図書館にわざわざ足を運ばないという人も増えています。そんな中で私たちにできる役割は，本を通して人と人，あるいは人と情報を何らかの形でつなげていくことではないかと感じています。利用者から「一人だとなかなか続かないから図書館のさまざまな企画はありがたい」との声をよくいただきます。やさしい英語で書かれた本をたくさん提供することに加えて，本を通した人と人とのつながりの場があることが喜ばれています。読んでよかったタイトルを紹介しあったり，英語多読をする中で感じたことをお互いに話したりするのはとても楽しいことで，イベントの際は特に，生き生きと語る参加者が続出します。四谷図書館では，今後も継続して講演会をはじめとする英語多読関連の企画を充実させ，これから多読を始める人・さらに続けてステップアップしたい人を支援していく計画を立てています。

(4) これから取り組みたいこと

　実現するかどうかは別として，新たに取り組んでみたいものとして，「英語多読パスファインダー」作成（有用なサイト情報と本の探し方ガイドの文書化），「ビブリオバトル in English」（英語で好きな本の紹介を行い，参加者が一番読みたいと思った本に投票するイベント），「読書相談　英語多読版」があります。本のスペシャリストである図書館員が最適で正確な情報を提供し，本を通したコミュニケーションの場をコーディネートすること，ただ本をたくさん並べるのではなく，そこに人が介在する魅力を生かしたサービスを提供したいと考えています。さらに，利用者から問い合わせの多い，多聴に使える資料（たとえば著名な作品の英語朗読 CD など）を蔵書に加えられるよう働きかけて，一歩先に進んだサポートができる図書館をめざしたいと思います。

(熊谷典子)

利用者の声

私の「多読ライフ」

　新宿区立四谷図書館の洋書コーナーの一角に，英語多読関連の本を詰め込んだ小さな書棚があります。以前私はそこを素通りしていたのですが，今ではそこで次に読む本を探すのをとても楽しみにしています。

　そのきっかけとなったのは，2012 年 8 月 5 日に四谷図書館が主催した，酒井邦秀先生の「やさしい絵本からやさしい英会話へ！　暗記も辞書もいらない！　楽しい『英語多読』」という，

2時間程度の講演会＆体験会に参加できたことでした。「絵本！」「辞書がいらない?!」，なんて魅力的な標題でしょう。それでも私には，その講演会に申し込むさえ勇気がいりました。「私のレベルじゃやっぱりダメかも……」「お話を聞いただけで終わっちゃうんじゃないかなぁ……」

講演会当日も，「いきなり英語で質問されたりしないだろうな」などと少し緊張して，一番後ろの隅の席に着いたのでした（あれ，辞書を持って来ている人がいる。いらないはずじゃぁ……）。

講演が始まるとそんな不安は一掃。酒井先生は多読の楽しみを伝えようと，いろいろな例をあげて説明してくださり，お話が止まらない。何はともあれ，重要なのは，多読三原則に沿って，好きな本をたくさん楽しんで読むということに尽きるらしい。何て私にピッタリなんでしょう。これは私のために編み出された方法じゃないか。いよいよワクワクしてきました。そして体験会でOxford Reading Tree（ORT）と運命の出会いをしたというわけです。私が多読を楽しんで続けられるようになったのは，最初にORTがあったおかげと言ってもまったく過言ではありません。体験会でORTの楽しみ方を知り，すっかり気に入って，「もっと読みたい」「もっと読みたい」と，図書館にせっせと通うことになったのです。

「読みやすさレベル」（YL）を参考に，他の本へと少しずつ手を広げていきました。多読がうまくいかないとすれば，本選びを間違って，自分に合っていない本で頑張ろうとしてしまうからではないでしょうか。図書館では多読用の本に，色と数値で難易度を明示したYLシールを貼って，本を選ぶ指標となるようにしてくれています。初心者のすごい味方です。至れり尽せ

りです。それでも手に取ったのが自分に合わない本だったとしたら、書棚にそっと戻すだけです。また、体験会でいただいた四谷図書館作成の『英語多読関連資料リスト』も大いに役立ちました。最初は、34ページにわたってひたすらアルファベットと数字が並んだこの蔵書目録に、「英語多読ってこういうことか……」とただ溜息が漏れただけでした。でもすぐに価値を発揮してくれました。「このシリーズは何冊くらいあるのかなぁ」「次はどれにしようかなぁ」、図書館の本はかならず誰かが利用していて、書棚からは蔵書の全体像がわかりにくいので、大助かりです。私はこれに読んだ日付を書き入れて、自分の横着な読書記録としても利用しています。チェックがどんどん増えてくると、「もうこんなに読んだんだなぁ」となんだかうれしい。

　図書館の蔵書の中には、寄贈された本もたくさんあります。多読にはとにかくたくさんの本が必要ですので、とてもありがたいことです。図書館が多読の楽しみの種を蒔き、その利用者が書棚を成長させてもいるのですね。

　さて、私が英語多読を始めた頃に疑問に感じていたことは、「日本語に訳さずに読む」ということです。「『訳さずに読む』っていったいどういうことだろう???」どうしても文章を往ったり来たりして訳してしまう。そうしないと上すべりして、「あれ、今何読んでたんだっけ」となってしまう。ところが、自分なりに楽しんで読み進めていくうちに、そんな問題も自然と解消されました。まったく不思議なことに、英語を解読するのではなく、英語で書かれた物語が物語として浸み込んでくるようになったのです。私の特別なお気に入りは *Marvin Redpost*（全8巻）と *The Piano*（Oxford Bookworms Library）です。私はこれらを浅田次郎の短編のように泣きながら読みました。本当に幸せです。

以上，私がとても恵まれていた点をまとめてみますと，
①家の近くの図書館に「英語多読」のコーナーがあった。
②図書館が本を並べて待っているだけではなく，その活用法を教えてくれた。
③最初から，よき先生・よき本と出会えた。
ということです。これが特別なことなのではなく，だれにとってもこのような環境が当たり前であってくれたらと思います。
　四谷図書館では，前述の講演会＆体験会を定期的に開催し，利用を広めています。周辺の図書館に同様のものがないということもあり，英語多読用の本はベストセラー並みの回転で動いています。多読の仲間が増えれば増えるほど，利用しづらくなってしまっているのが少し悲しい現状です。

(2013年1月　関口由美)

4.5 公民館の英語多読クラブ

　どこでも市が協力的だったり，図書館に余裕があったりするわけではありません。個人が中心になって，無理矢理多読を推し進めなければならないこともあります。岩手県紫波町の畠山廣子さんは中学校で英語を教えていて，引退直前に多読を知りました。授業で使った多読用の図書は私費で購入したものでした。引退後はそれを地域の人たちに利用してほしいと，公民館に持ち込み（そもそもそれが簡単なことではなかったと思いますが），身近な人たちに声をかけて「英語多読クラブ」を始めました。

　畠山さんの飾らない人柄に惹かれて，今は多読を楽しむ大人た

ちが毎月 2 度公民館に集まって，読書を楽しみ，本談義を楽しんでいます。ほぼ中年から上の人たちばかりのサークルの和やかな語り合い，長年気にかかっていた外国語ととうとう親しくなってうれしそうな様子は，見ているだけで気持ちが温かくなります。いつか公民館から図書館での多読に発展できるようにと祈るばかりです。

---

(1) 公民館多読の理論的支え

　天満美智子は『子どもが英語につまずくとき―学校英語への提言』(1982, 研究社, p.35) で「英語ということばの学習には，子どもの感受性に訴える何かがなければならない。こどもの感性を知識獲得の犠牲にしてはならない」と警告しています。またスティーブン・クラッシェンは『読書はパワー』(2002, 金の星社, p.14) で，文法指導よりも，自由読書こそが，ことばの教育の根幹であり，もっとも有効であると主張しています。

　語学の最終目標は「生涯にわたって自ら学び続ける力」の育成にあると信じるわたしは，Phil Benson が *Autonomy in Language Education* (2001, Pearson Education, p.21) で書いている「自発的な学習とは，スキル獲得よりはむしろ学習者自身の内面から発する興味・関心が根底にあるべき」という説を支持しています。

　もしも学習者が興味，個性に応じて，その英語力に適した本を自由に選択できる環境にあれば，自発的な学習意欲の育成にもっとも効果を発揮するでしょう。この環境設定こそが，公立図書館や公民館活動の重要な役割です。

(2) 社会人多読講座から多読クラブの誕生

　公民館多読講座の参加者には，「英語アレルギーであったが，再学習したい」という意欲が張りついています。テストの得点で評価する学校英語は自尊心を砕きます。入試合格が最終目標になり，授業の成功を単位時間内の学習の効率化でみるようになります。その結果，多数の「英語アレルギー症」の卒業生が学園を去る現状があるのです。

　卒業後の「自発学習意欲」に関心を持ったわたしは，せっかく集めた多読本を社会人に活用してもらおうと，公民館に頼み込んで「多読講座」を2010年，2011年に開設してもらいました。最初の年には多読をさせて，題名と感想を書いてもらっただけで，交流の場を設けませんでした。クラブの呼びかけは不発。しかし，2年目には90分を読書，その後の30分を交流に当てたところ，焚き火に手をかざして暖まるようなほっこりした雰囲気が生まれました。大雪が降っても集う「学び合い」があり，「気づき」のキャッチボールが心地よく感じられます。参加者がニコニコと絵本の読み聞かせをして見せる。一緒に笑う。読書環境さえ用意すれば，みんなでワイワイ楽しめることに気づいてから，肩の力が抜けました。ここは日常生活の疲れを癒す共同温泉であり，思うままに語る場です。「話しっこ」できる仲間意識が芽生え，受講者全員がクラブ結成に賛同してくれました。参加者自身からの膨大な寄贈本があり，さらにインターネット上の掲示板を通して県外からの寄贈本が寄せられたことで弾みがついていきました。ついに館長が，廃棄された本棚を教育委員会からゆずり受け，陶芸教室を保管場所にするという協力的配慮も得て，「英語多読クラブ・岩手」が2012年1月に誕生しました。

紫波町の外国語指導助手によるブッククラブに多読部員が参加して，密かに多読のよさを伝えるという目的で独自の行動をとっています。これを聞き，自分だけが楽しむ受身的姿勢から，多読を広めたいという能動的な姿勢に転じていることに感動を覚えています。

　会員は20代から70代までの11名，会費は500円に抑えました。活動は月2回，午後7時から9時まで，読後の交流が盛りあがってしまい，延長してしまうほど話は尽きません。

　2013年の3月には，1年間多読本をCD付きで貸してくださる人も現れ，多読の聞き読みやシャドーイングができる環境が整いました。ことばの粒が「音」になって記憶されそうな勢いです。

(3) 学校多読と社会人多読の違い

　学校では英語は時間割に組み込まれ，教室という場に生徒がいます。多読が嫌いであっても，逃げ出すわけにはいきません。他方，公民館での多読は，諸事情（残業，子どもの送迎，介護，孫の世話，病気，家庭への気兼ね）を背負っている大人，学生が集います。冬季の夜の外出はなおさら難儀です。雪の夜の図書室の窓から漏れる明かりを見ると，同志に思えてくるほどです。1年以上もつきあっていると，興味，関心の傾向もわかってくるものです。交流の輪から，読み手が本というプリズムを通して，個性的な光を発するので，再読してみたくなります。そして，過去に発見できなかったことが見えてきます。

　全国から寄せられた本が，多読畑に蒔かれ，芽を出すとき，感謝の光が集まります。支えられて発足し，支え合ってここ

まで継続できたのだとしみじみ思います。仲間たちの感想を読みながら、多読は、それぞれが独自の流儀で楽しみながら、進歩していくことがわかってきました。数値で測れない「発達」が、一般化できない「進度」で形成されているのです。比較によらない「自分だけの特別な変化」に驚くとき、自信に満たされます。持続可能なゆったりした学習法とも呼ぶべきものが、多読活動から見えてくるのです。

(4) 社会人多読の効用

語学上の発展、発達は、事前・事後テストもないので数値による検証はできません。測定不可能な何か……内発的発達と読書の活性化は観察できます。多読の持つ English Learners' Ownership（学習者主体）ともいうべき性質が、さまざまな要因を持つ社会人の自発的学習に弾力をつけるようです。とりわけ、読後の交流は本を媒介にした感性の宝庫です。交流を通して各自の味が融合されて、「ぽっ」とろうそくの火が灯る感覚。Reading Pleasure Community（お楽しみ読書会）と名づけ、以下に特徴を記してみます。

①学びの共同体
　交流によって、各自がブックトークをしてしまう自信の発揚とそれを聞くことで読書による再発見の喜び。
②共同作業による収穫への期待
　本を媒介にして「読書畑」を耕している共同農作業的な喜び。収穫までの時間の継続への期待。
③多様な読解法
　・未知語へ適応の帰納的なプロセス

音とつづりが強制されずに,体にしみこむ感覚。
・本の内容のイメージ化
 未知語にとらわれずに,概要理解の映像化。
・訳読を経ずに直読直解している読解法
④自信,プライドの高揚と自己達成感
 読み聞かせや,配偶者の前で音読してしまう意欲。
⑤連帯意識と啓蒙活動
 外国語指導助手による原書の読書クラブに参加し,多読を口コミで紹介。
⑥若返り効果
 未来に夢を抱き,それを語りたくなる心情。

(5) 多読用図書からペーパーバックへ

多読の効用には多様性があります。どのくらいの熟成期間が必要か,定義はできません。参加者の感想を読んで思ったのは,多読法には流派がいろいろあるらしいこと。教材の選択力がつくこと。自己と本との相性があること。それぞれの人生体験の差が,本の質的価値を決めるのだから,最終的に探し当てるのは自分自身であり,他の書評は参考程度でしかありません。肝心なことは,本の数を増やし,内容が多岐にわたるように,増殖させてゆくことです。多読の成功は,本の種類,数に比例します。社会的な教育力,資金力,本の管理,集合場所としての利便性など考慮すると,公立図書館にこそ備えるべきだと思います。腰が曲がってもなお畑を耕し野菜や花を愛でる高齢者の生きがいと,多読畑の集団農法による収穫はどこか同じ味がします。多読もまた有意義な生きがいを生むことを体験してほしいと思います。

もち米生産全国一，フルーツの里のこの紫波町に，多読の種を蒔く文化活動が芽を出したことを誇りに思っています。そしてその実りは計りしれません。

　外国人指導助手による『CATCH-22』(ジョーゼフ・ヘラー著)の「原書読書会で挫折した人たちこそ，多読で救えないんでしょうか？」と仲間が言ったことが脳裏に焼きついています。「多読的治療」という発想。ここにも，社会人多読の普及の鍵が潜んでいるように思えます。

　これからの公民館活動は，文化，教養の場というよりも，地域のコミュニティの場としての役割が必要とされているといわれます。また，公立図書館には情報交流空間の役割があります。各自が獲得した知的財産としての多読の成果が，らせん状に，また波紋状に波及していく光景を夢見ています。

　国際言語としての英語は，学校の科目を通さずとも，多読という独習法によって「いつでも，どこでもお手軽にできる」ことが共通理解されたとき，海外留学しなくても，「おらが住む場所」で異文化理解が可能であること，駅前留学でなく，畑の隣で留学できること。そういうことに税金を投入することは，高齢化対策としてのユニークな福祉対策ではないでしょうか。どうかこの新しい試みに公的支援が欲しいと願います。

　また，学校英語で「自信骨折」の生徒が，公共施設の多読コーナーで，リハビリに励むこともできるではありませんか。新たな生きがいのプレゼントが，家の軒先にそっと置かれているような幸福に包まれて暮らしたいものです。

　　　(畠山廣子：岩手県紫波町古館公民館英語多読クラブ・岩手)

利用者の声

趣味として

　もう60歳なので，英語を使ってなにかをしよう，というアテがあるわけではない。しかし，それでも，もしかなり英語ができるようになったら，ニューヨークで暮らして，タップ・ダンスのレッスンを受けたい，という夢がある。

　これは，経済的事情もあるので，実現の可能性は低いが，多読のおかげで，気分的にはかなり若返り，いつもワクワクしている。

　月2回，公民館に集合して，それぞれ好きな本を読む。読んだ後は，感想を述べ合うのだが，これがおもしろい。みなさんの深い経験に裏打ちされたお話がうかがえて，とても満足。

　こうしてみると，結局多読は，「仲間」なのだな，と感じる。同じ趣味の人と出会えるのは無上の喜びだ。

(Hさん)

英語に近づいたぞ！

　76歳を迎えた私は，今まで「英語は，難しいもの」と思い，他人様のことだと思っていた。あるとき，公民館のサークル紹介欄に「多読講座」開講の記事が掲載された。「辞書は使わない・好きなものを読む・嫌になったら別な本に移る」の"3文字"には動転した。英語の授業と言えば，無味乾燥なグラマーと暗記ばかりのリーダーだった60年前の頃に思いをはせ，とても信じられなかった。半信半疑のまま門をくぐった。会場には約500冊くらいが用意され，幼児用絵本から分厚い原書までランク別

になっていた。最初は絵本から入った。時間内に1冊がやっとだった。講師先生から熱心な指導を受け，さらに参加の回数を重ねていくうちに「アレ！英語が読めるぞ！」に変わっていくことに気がついた。あれほど縁遠いと思っていた英語アレルギーを，もしかして解消することができるのではないかと思うようになっていた。そうです！　多読講座を通じ，着実に近づいていたのです。言い換えれば，"英語は，怖くないぞ"に変わっていたのです。

(Tさん)

英語多読クラブ・岩手の感想文集（2013.3.13）より

4.6 インターネットを利用した図書館連携

　最近はインターネットを使った図書館の利用はごく当たり前のことになっています。豊田工業高等専門学校の吉岡貴芳さんは英語多読に図書館を利用するため，そして図書館多読の仲間づくりのために，長年にわたってtadoku navi（多読ナビ）というインターネット上のアプリケーションを開発してきました。

　英語多読を始めると，自分が利用する地域の図書館にはどんな多読用の本があるのか，どの本を読むとよいのかわからない，という問題にあたることがあります。また，図書館には本がたくさんあるけれど，多読を始めたばかりで自分に合っている本はどれなのかわからない，多読用図書の条件（た

とえば英文の読みやすさを示すレベルやジャンル別）は図書館の検索システムでは検索ができない，などの問題もあります。

こんなときには英語多読本のブックガイドが大変役に立ちますが，インターネットを使った英語多読支援サイト"tadoku navi"（豊田高専電気・電子システム工学科で開発）なら手軽に本を検索できる上，さまざまな機能を利用できます（ウェブサイトの次のページの"tadoku navigation"診断チャートを使って，利用できる機能を簡単に見つけられます）。

(1) "tadoku navi" による検索

"tadoku navi"の図書検索では，多読を始めたばかりの人でも，長く続けている人でも簡単に本が選べるように，シリーズや「読みやすさレベル」(YL) 別に本の表紙を一覧で表示しています。自分のおおよその合計読書語数をもとに，この一覧表からシリーズを選ぶことで，そのシリーズの一覧が表示されます。また，個々の本の詳細情報には，その本に対する書評者のレビューや，自分や他の学習者による読書後の感想も掲載されているので，本の選択に活用できます。これらの情報には「SSS 書評システム」(http://www.seg.co.jp/sss/) を利用させていただいています。

従来の検索キーワードをもとにした検索では，YL やジャンル，あるいはシリーズやタイトルなどの単語を指定しての検索ができます。たとえば，「推理ものの本が読みたいけど，YL は 2.0 前後で，語数は 5,000 語くらいがいいな」とか，「シャーロック・ホームズの本で 10,000 語くらいの本は？」などのように検索ができます。

また，"tadoku navi"では，自分が利用する地域の図書館にどんな多読用図書があるか，さらに現在貸出可能かまで，ひとつの画面で検索することができます。これには「カーリル」というウェブサービスを利用しています。まだ蔵書データの少ない図書館もありますが，順々に蔵書データも増えてきています。

(2) "tadoku navi"のさまざまな機能

　さらに"tadoku navi"では，ユーザー登録をすることで，さまざまな機能を使うことができます。

① 読書記録機能

　まずは読書記録機能です。英語多読では読書の記録をつけるとよいことがたくさんあります。たとえば，読んだ本のタイトルや，その本のYLと語数，自分なりの評価と感想を記録していくと，自分のがんばった結果や進度を目で見ることができて達成感を感じることができますので，また続けようと意欲がわいてきます。でも，記録そのものが面倒だと思われる人もいるでしょう。そんなとき"tadoku navi"を使って本を検索して評価と感想を入力すれば，自動でデータベースから本のタイトルやYL・語数を記録し，読んだ本の合計語数や合計冊数も計算してくれます。

　英語多読は長期に継続することでその効果が現れてくるので，"tadoku navi"に記録された他の利用者が読んだ本を見れば，次に読む本を探すきっかけにもなります。そこで，検索した本をWish List機能を使って次に読みたい本として登録しておけば，簡単に読書計画を立てることもできます。

ところで，豊田高専の英語多読授業では，「多読手帳」を利用して学生に読書記録を手書きで報告してもらっています。教員は一人一人の読書記録から，その学生の読める本のレベルや好きな本のジャンルを把握して，"ハマる"本を個々に紹介していきます。また，全員が図書館や教室にいるので，お互いにどんな本を読んでいるかがわかりますし，読んだ本のおもしろさなどを紹介しあうことができます。このような授業のよさを個人で多読をしている人たちにも提供できたら，多読仲間を見つける手助けができたら，本に関する口コミ情報を提供できたら，英語多読がさらに楽しくなるにちがいありません。

② コミュニケーション機能とコミュニティ機能

　これを実現するのが，コミュニケーション機能とコミュニティ機能です。"tadoku navi"ではユーザー登録をするときに，読書記録を他の利用者に公開するかどうかを選択することができます。公開することを選んだ場合，コミュニケーション機能を使って他の利用者に自分の読んだ本やその感想を紹介することができます。また，公開した記録には他の利用者からコメントをもらったり，本を推薦してもらったりすることもできます。もちろん，自分の読書記録を公開していなくても他の利用者が公開している読書記録を見ることができます。

　コミュニティ機能では，先行して多読をする他の利用者や市民講座の講師などが，複数の利用者にグループとして登録してもらい，登録した人たちに本の推薦や多読の進め方などに関するコメントを送ることができます。

このように地域の図書館を利用するとともに，インターネットを利用した本の検索や読書記録や，多読仲間ともコミュニケーションできる"tadoku navi"も利用して，英語多読を楽しく続けてみませんか？

＊"tadoku navi"で検索してください。

（吉岡貴芳：豊田工業高等専門学校電気・電子システム工学科教授）

利用者の声
tadoku navi（多読ナビ）感想

　私は，豊田高専の公開講座を受講してから，多読を始めました。

　tadoku naviは，インターネット上で展開されているのに，手づくり感があり，利用者とともに歩んで行ってもらっている感じがあります。個々では，継続に苦労する英語学習も，地域の図書館の蔵書が詳しく検索できたり，自分の読書記録を残せたり，別の方々の記録も見られたり，支援していただいたりと，モチベーションの維持につながっていると思います。

　2011年3月11日の東日本大震災から2年が経ちましたが，私は，被災者の方々にも多読をおすすめします。環境をつくっていただくのが先ですが，学校図書館や公立図書館にたくさんの多読用図書があったら，英語で，宝探しをしているような，心に響く楽しい体験がたくさんできます！　小さな子たちには，情操教育にもなると思います。とてもそんな気にはならないかもしれませんが，素晴らしい作品を読んでいましたら，いじめや不登校，自殺や犯罪など，少なくなる気がします。

　　　　　　　　　　　　　　　島居かほり（Kaoさん）

tadoku navi 紹介

　多読多聴関連書籍を購入したことがきっかけでした。付属 CD の朗読がおもしろく，本にも手が伸びました。図書館で多読に適した本を借りられると知り，以後は図書館利用を中心に多読多聴を楽しんでいます。

　地元の公立図書館には，「多読初心者」に適した蔵書がなく，利用を断念。貸出可能な近隣公立図書館に蔵書があり，利用を続けています。豊田高専の図書館も利用しています。

　tadoku navi の一番の利点は読書記録を簡単に管理できることです。表紙画像があるところもいいです。図書検索を使って読みたい本の情報を探すことができ便利です。

　読書感想はブログにまとめて公開しています。本の紹介だけでなく，音声ファイルのリンクや動画サイト情報などを共有できる点が気に入っています。ブログでの読者とのやりとりを通してつながりを感じ，多読もブログも続いています。他の方のブログや Twitter のつぶやきは次に読む本の参考となり重要な情報源です。

樋口修子（フタバさん）

5章 図書館多読
——いま学校図書館では

5.0 はじめに

　学校図書館は，すべての小・中・高等学校に置かなければならないと学校図書館法に定められていて，独立した建物，または校舎内の一室の「図書室」であっても，同じ機能を持つ「学校図書館」に変わりはありません。

　1953（昭和28）年に学校図書館法が制定された当時より，学校図書館は，「学校教育において欠くことのできない基礎的な設備であり，学校図書館の健全な発達を図ることが，学校教育の充実につながる」と考えられてきました。

　また「図書，視聴覚教育やその他学校教育に必要な資料を，収集・整理・保存し，これを児童又は生徒及び教員の利用に供して，学校の教育課程の展開に寄与するとともに，児童又は生徒の健全な教養を育成する」ことが，学校図書館機能の目的ともされてきました。

　近年は，学校教育において「ことば」に関する教育や「言語活動」が重視されるようになってきました。この背景には読書離れが言われて久しいにもかかわらず，ICTの発展に伴い，さまざまなメディアが登場し，個人の読書時間はさらに減少傾向となっていて，こうした状況と本を読むことで得られる言語力，表現力，想像力などの重要性を軽視し，安易に

インターネット情報のみに頼る風潮もあり、これがこのまま続くことで、私たちの知的基盤は弱体化し、豊かな未来への足がかりを失わせるという危機感があると考えられます。こうした認識のもと、今一度、読書の意義に立ち返り、だれもが読書に親しめる環境づくりをめざすことが、学校教育に求められるようになりました。高等学校では、2013（平成25）年度入学生から全面実施される「学習指導要領」の中で、「言語活動の充実を図る」ために、授業において学校図書館の利活用を図ることと、読書活動を一層充実することが求められるようになりました。

　実際に学校図書館が担う役割には、授業への支援、読書推進、校内における情報センター機能などが挙げられます。

　まず、授業への支援とは何か。これは前出の「教育課程の展開に寄与する」ということにつながり、いろいろな角度から授業を支援することです。次に読書推進とは何でしょうか。「児童又は生徒の健全な教養を育成すること」であり、近頃、まったく読書をしない「未読率」がよく引き合いに出されます。まず「本を読むこと自体が楽しい」ことを知ってもらうのが図書館の役割です。そのために「読書のハードルを下げる」ことも必要でしょう。最後に情報センターとしての役割とは何でしょうか。これは臨機応変に必要な情報を提供し活用の場を与えるということで、校内の情報センターとしての位置づけを持っています。そして学校図書館のこのような機能を十分に実現するために、学校図書館を担当する職員として、司書教諭、司書という専門職員が必要であり、学校図書館には、施設（ハード）、蔵書（ソフト）、専門の人材があって、はじめて学校教育において欠くことのできない基礎的な

設備と言えるのです。

(米澤久美子)

5.1 豊田高専図書館

　豊田工業高等専門学校は，全国の学校，大学の中で多読用図書をいちばん豊富に所蔵しています。また多読の授業についても全国でいちばん古くから，つまり10年前から腰を据えて取り組み，授業の向上，成果の評価，そしてその両方についての論文発表を精力的に推し進めてきました。

　豊田高専の多読支援の中心は図書館です。多読図書を多数所蔵している図書館は少ないので，豊田高専の図書館を訪れると，入口から広がるやさしい英文図書の量に圧倒されます。これほどたくさん購入する予算を確保できたのは，西澤一さん，吉岡貴芳さんをはじめとする教員のみなさんの真剣な姿勢と成果が文部科学省に認められて，特別枠の予算を獲得できたからです。

　この項を執筆した西澤さんは多読の手応えを強く感じて，ついには愛知県内の図書館をめぐって，多読用図書を備えることを勧めて歩きました。西澤さんはあるときわたし（酒井）に，「多読用図書を購入してくれる図書館は10館に一つですね」と述懐したことがあります。ということは，少なくとも何十館も回って多読用図書購入をすすめたのだと，驚きました。

　その原点である豊田高専の10年間の成果と執筆者の冷静な科学的姿勢に注目してください。

(1) **英語多読授業**

　豊田高専電気・電子システム工学科（以下，E科）では，創立以来40年，低迷していた学生の英語運用能力を改善するため，5年生1クラスにおける2年間の試行を経て，6年継続の多読授業体系を構築，2004年度から実践を始めました。大量の多読用英文図書を図書館に導入し，授業の大部分は図書館で行っています。この多読授業により，学生の英語運用能力は顕著に向上し，英語に対する苦手意識も克服されました。たとえば，多読導入前の2003年度に350点以下だった専攻科2年生（大学4年生と同年）のTOEIC平均点も，2010年度以降は550点以上で推移しています。また，「ロボカップ世界大会」に参加する学生諸君も，1週間の大会期間中，他国のチームの学生や，関係者と片言の英語で意思疎通を図ることに躊躇しなくなってきています。

　2005年度からは，公開講座を通じて英語多読を地域の人々に紹介し，一般の人にも多読用図書を利用してもらえるよう働きかけてきました。さらに，吉岡貴芳教授の研究グループが開発を進めてきた多読支援システム（「4.6 tadoku navi」(p.120参照)による選書支援サービスも始めました。現在は，県内の公立図書館とも連携して，学生も社会人も気軽に英語読書を楽しむことができる，新しい生涯学習環境の整備をめざしています。

(2) **図書館の多読授業支援**

　本校では，大量の英文図書を用いる多読授業を複数のクラスで行うために，多読用図書の大部分は図書館に集めました（2013年3月の時点で図書32,000冊，朗読CD 2,000組を所

蔵)。複数の多読授業が重ならないよう時間割を組み，多読授業1年目にもっとも使用頻度の高くなる，中学校の教科書程度のやさしい英文図書(読みやすさレベル：YL0.6未満)は，館内閲覧専用(貸出禁止)としています。また，読みやすさレベルと英文の長さ(語数)を記した語数シールを，全多読用図書の裏表紙に貼っています。本校図書館では，多読経験のない職員でも多読用図書を整理することができるよう，多読用図書はレベル順ではなく，シリーズまたは著者によるアルファベット順に配置しているため，語数シールは利用者の選書に欠かせません。

授業中の学生は，館内のブラウジングスペース，自習用スペースに座って，自律的に英文読書を行います(写真)。

着席位置は図書館内全体に散らばりますが，多読授業中に図書館を頻繁に利用する他の科目はなく，支障はありません。

思い思いの場所で英文に読みふける学生たち

豊田高専図書館（学生と一般）

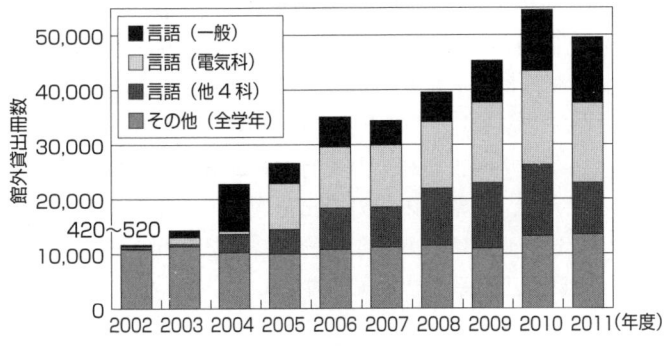

グラフ5.1　図書館貸出冊数の経年変化

　授業における担当教員の役割は，英語の知識を教えることではなく，学生が各自のレベルや嗜好に合った図書を選択できるよう個別の読書相談にのることと，利用者に合った図書体系を整え，学習法に関する新しい知見や図書情報を提供する等，学習環境の整備へと，大きく変化します。

　多読授業では，原則として，やさしくて短い本を授業時間内に読み，やや長めの本を借りて授業時間外に読むよう指導しているので，2004年度にはE科学生による（多読用図書が属する）「言語」の館外貸出冊数が急増しています（グラフ5.1）。また，全学科共通科目「英語」での多読授業（授業は別に多読用図書を整備したLL教室で実施）が始まった2008年度前後には，他科学生の館外貸出冊数も増えてきています。多読授業または多読用図書貸出のために図書館を訪れる学生数が増えたことで，「言語」以外の館外貸出冊数の長期低落傾向にも歯止めがかかったようです。

学外の一般利用者による図書館利用も増えました。たとえば，2002年度までは年間500冊程度だった一般利用者による館外貸出冊数が，多読の公開講座を始めた2005年度に急増し，2011年度には年間13,000冊と全貸出冊数の25%を占めるまでになっています。一般利用者の館外貸出は90%が「言語」であり，多読用図書の利用が主目的であることがわかります。平日の夕方や，土曜日の館外貸出冊数も増えています。2011年度の全貸出冊数は，2002年の約5倍となる年間52,545冊であり，近隣の工科系大学附属図書館よりも多くなっています。

(3) 公開講座

　英語多読を主題とした公開講座（有償）は，2005年に始め，2012年までに延べ13回の講座を行いました。大部分の講座では，3時間の講座を1週間空けて2回行い，多読の読み方の解説と1～3万語のやさしい英文絵本を実際に読む体験を組み合わせています。毎年，地域の中学校には（本校が提供する公開講座群の一つとして）積極的に広報していますが，受講者は一般・社会人が中心となっています。

　中学生へのインパクトは比較的弱いように感じます。中学生が2日間の講座の中で英文を読める感覚をつかむことはむずかしく，多読指導が中学校における英語教育と大きく異なることを考えると仕方がないと言えるかもしれません。

　他方，社会人受講者は，仕事または趣味で英語利用の必要性が高い，他の学習法で挫折し実効ある学習法を探している，英語多読を知っている（が体験の機会がなかった）等の理由から，講座に対する期待も高いようです。自らの英語学習体験と照らし合わせて多読の考え方に賛同を得られる場合が多

く，中には講座期間中に多読の効果を実感できる受講者もいます。講座後には，本校図書館に利用登録し，英語多読を継続している受講者も少なくありません。実際，2006年度の公開講座（8月，10月の2回実施）の受講後アンケートによれば，英語多読の公開講座は，他の講座に比べても，理解度，満足度とも高評価でした。

(4) 多読体験会

公開講座をきっかけに，本校図書館の多読用英文図書は利用者が増えていますが，公開講座を受講せずに本校図書館を利用し始めた一般の人の中には，日本語に翻訳せずに英文を直接理解することをめざす多読の方法を十分に理解していないケースも見受けられます。そこで，公開講座の宣伝も兼ね，本校図書館の一般利用者向けに英語多読体験会（無償）も始めました。多読の考え方と進め方について40分程度の解説の後，やさしい絵本を実際に読み，多読を体験してもらう企画です。2012年度までに延べ23回行いましたが，毎回20名前後の参加があり，体験会後には，多くの人たちが図書館利用者カードを作ります。

(5) 多読クラブ月例会

高専図書館を利用して英文多読を続ける学生，教職員，一般利用者がともに教え，学び合う生涯学習の母体となることをめざして，2007年に「豊田多読クラブ」を設立し，11月10日に第1回例会を始めました。月例会では，多読用図書，多読に役立つ情報と，多読体験，読書感想を相互に紹介しあいます。孤独に陥りがちな多読を，仲間と交流することで，

継続しやすくなることを期待しました。以後は，図書館が土曜開館をしている春と秋を中心に年8回程度の間隔で開催，2013年1月には第40回目の月例会を行いました。社会人を中心に毎回15名前後の参加があります。

(6) 公開授業

2009年からは，図書館で行うE科2〜5年の多読授業に各クラス4名まで一般参加を受け入れる公開授業（有償）を始めました。春期と秋期の各12回，毎週45分の多読授業を本校学生と一緒に受けてもらっています。多読に取り組む社会人の姿を見て，本校の学生にも多読の意義と楽しさを見直してもらいたいとのねらいもありました。もちろん，多読は個人的な活動なので，同じ場所にいても読む本は異なります。

授業は平日の昼間なので，受講可能な利用者も限られますが，2012年度までの4年間8期の間に，延べ116名が受講しました。ほとんどの受講者は，英文多読未経験のため，最初はやさしい絵本から読み始めてもらっていますが，数回の授業を経て読み方に慣れてくると，（本校の学生よりも）早期にGraded Readers (GR) を楽しめるようになる人が多いようです。

やさしい絵本で，じっくりと絵を見て（日本語を思い浮かべないようにしながら），英文テキストと画像を結びつける練習をした後は，GRを用いて，テキストの朗読を聴きながら，そのペースで読む「聴き読み」をすると，すんなりと（和訳しない）多読の読み方に慣れることができるようです。

ただし，学生時代，社会人生活でずいぶんと英語を学んできた人でも，レベル4以上のGRを読むことはやさしくないようです。少し無理してむずかしい英文を読もうとすると，つ

いつい和訳に戻ってしまうので，焦らずやさしい英文を読み続ける方が，結果的には早いと言えましょう。

（西澤　一）

利用者の声
高専図書館での多読の楽しみ

　豊田市図書館の講座で英語多読を始めてから，7年半です。以後，ほとんど豊田高専の図書館を利用させていただいています。当初は英会話スクールでの学習補助として考えていたのですが，続けるうちに多読そのものがおもしろくなり，読書習慣がついてきました。身近で多読用教材が存分に活用できることは非常にありがたいです。

　最近はSF・ファンタジーが中心で，特に動物が主人公のファンタジーにはまっています。時々，絵本も読んでいますが，こちらは市図書館を利用しています。「読みやすさレベル」でいうと2.0から8.0程度までを織り交ぜて選択しています。「レベルが高いほどストーリーがおもしろい。レベルが低いほど英語がおもしろい」という言葉が実感できるようになってきました。時間的には，夕方と就寝前の2時間ほど読むようにしています。

　また高専には多読実践者によるクラブがあり，例会で情報交換が行われています。図書館等で教材図書が自由に手に入り，仲間がいることが，多読を継続する上で大きなポイントだと思います。

（Hankさん）

図書館で読みあさる至福の時

　豊田高専図書館は，選べる楽しさを提供してくれます！　文字のない絵本から人気の小説まで，物によっては朗読音源まで付いて揃っていますし，その他にも，動物の生態や自然科学などの本も多く，大人になるとあまり手を出さない分野にも興味が湧き，飽きることがありません。ほとんどは児童書ですから，わかりやすく書かれていて，多読を進めていくのに適した本ばかりです。まさに童心に返って本を読む楽しみを与えてくれます。と言っても大人だからこそ，英語という媒体があって，より知的好奇心をくすぐられるから手が出るわけですけれど。英語に触れたくて本を読み，その本たちに刺激され，どんどん次の本へと手を出したくなる。借りてみたらむずかしくて読めなかったとしても，とにかく気楽に本を選び，またいつか読めるようになったら借りるだけ。それが図書館で多読をする最大の利点だと思います。また時間が許す限り，図書館に籠って本を読みあさるのも至福の時です。これからも大いに利用したいと思います。

（メロディ♪さん）

5.2　東京都立稔ヶ丘高校における図書館多読

　東京都立稔ヶ丘高等学校は，図書館の一隅に小さいながら多読室を持っています。生徒が10人も入ると少しきついというささやかな空間ですが，司書教諭の木場敬子さんのやさしさ，包容力，

気遣いがそのまま形を得たようなくつろぎの空間です。

　多読支援はつまるところ，一人一人の生徒にどこまで寄り添えるか，ということでしょう。さまざまな心配を抱えた子どもたちが「あそこに行けば気持ちよく（英語の）読書ができる」と思える場所ができあがっています。その心遣いは生徒に対してだけではありません。一般市民のために図書館で開かれる公開講座でも，木場さんは丁寧に多読の意義を説明し，最初に読む本はどれ，次にはこんな本もあります，英語は不得意でも大丈夫ですよ，と語りかけます。学校英語で固くなった肩の力が少しずつほぐれて，絵から楽しむ英語！　同校の公開講座には「リピーター」が少なくありません。写真からも多読室の柔らかい雰囲気を感じることができるように思います。

―――

　稔ヶ丘高校は，2007年に開校した中野区にあるチャレンジスクールです。「チャレンジスクール」とは，東京都が高校中途退学者，中学不登校者のために開校した3部制型の定時制で，単位制の総合学科高等学校を指します。本校生徒の約8割は過去に不登校を経験し，学力面でも課題を抱えて入学します。稔ヶ丘では学習への苦手意識を少しでも和らげるべく，多読に興味のある教員が中心となり，開校時より少しずつ英語の本を買い足してきました。現在蔵書は3,500冊ほどで，十分とはいえませんが，徐々に環境も整いつつあります。稔ヶ丘高校での多読の最大の特徴は，「図書館とゆるやかに連携した多読活動」です。稔ヶ丘高校の図書館の紹介，「多読部屋」について，実際の多読授業の様子，公開講座での図書館利用などを紹介します。

(1) 魅力的な図書館

きちんと整理された本棚。生徒たちによる本の紹介も！

　本校の図書館は校舎2階のほぼ中央にあり，482.75㎡と都立高校の中でも有数の広さを誇っています。蔵書は約4万冊で，マンガや雑誌類も充実しています。司書の先生が中心となり年間1,000冊近くの本を購入し，新刊や話題の本をいち早く読むことができます。開館時間は11時から19時10分，毎日平均120名が図書館を訪れ，1日の貸出は60〜70冊に上ります。館内は広々として明るく，特に用事がなくてもふらっと立ち寄る生徒も多く，学校の憩いの場となっています。

(2) 「多読部屋」の誕生
　この部屋の正式名称は「レファレンスルーム」で，貸出をしなくなった古い本などを保管する部屋でした。図書館の閲

覧室の隅にある小さな部屋で，図書委員会の活動の場でもあります。本の置き場に困っていたところ，図書館の好意で使用できることになりました。

　最初は殺風景な空間でしたが，徐々に整理し現在は多読の世界に入りやすい明るい雰囲気の部屋となっています。

　ディスプレイも工夫し，整然と並べるのではなくところどころ表紙を見せ，選びやすいようにしています。部屋は常時開放されており，生徒は空き時間に自由に本を閲覧することができます。多読授業もこの部屋で行っています。

窓にもクリフォードの絵本！

生徒の書評とイラスト　楽しんでいる様子がうかがえます

(3) **多読授業**

本校では選択科目の中に多読授業があります。定員 15 名のこぢんまりとしたクラスです。生徒たちは「英語は苦手だけど，好きになりたい」と思って受講しており，読書好きで温和な性格です。授業が始まると自分の読書記録手帳を戸棚から持ってきて，思い思いに読書を始めます。熱心に取り組みますが，90 分間集中して読み続けるのはむずかしいため，授業では読書活動に加えさまざまな活動を取り入れています。

① ICT 機器の活用

集中力が切れてきた頃に，ICT 機器を活用した本の紹介や読み聞かせを行っています。ことばだけよりも視覚的に説明を聞くことができるので理解が深まるようです。読み聞かせ

をする際は，絵本を拡大し，音声に合わせてスライドを変えて紙芝居形式（授業では「電子紙芝居」と呼んでいます）で本を紹介することもあります。多読に慣れてきた頃に Oxford Reading Tree に関する問題を生徒から募集し，パワーポイントで問題を作成し発表するといった活動も取り入れています。完成した問題は後日みんなで楽しみます。自分の問題が採用されるよう熱心に本を読む姿が見られます。

コンピュータとプロジェクターで読み聞かせ

【ORT QUIZ】

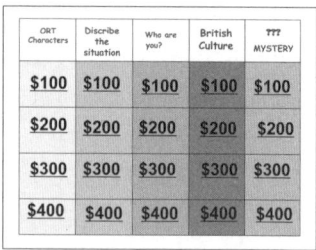

Who wants to be a master of ORT?

Minorigaoka high school

ORT Characters	Describe the situation	Who are you?	British Culture	??? MYSTERY
$100	$100	$100	$100	$100
$200	$200	$200	$200	$200
$300	$300	$300	$300	$300
$400	$400	$400	$400	$400

$100
Where did Floppy come from?

From a dog rescue centre.
ORT2 A New Dog

$200 Describe the situation.

Biff was (cross) with Floppy.

$300
What are they doing?

They're playing snooker.

$400
Where is kipper's new house?

正解すると賞金！

142

② POP（本の紹介カード）制作

　本の紹介文をイラスト入りで作成し，本の表紙に貼っています。他の生徒の POP に刺激を受け，普段は読まないジャンルに挑戦する生徒もいます。

POPづくりで読書の楽しみが増します

③ 絵本の読み聞かせ

　生徒同士による絵本の読み聞かせを，前期と後期に1回ずつ行っています。絵本の持ち方や読み聞かせのポイントを確認後，本を吟味し十分練習した後ペアで読み聞かせを行います。「ここはお母さんがイライラしているシーンだから，もっと怒った口調がいいと思うよ」など生徒同士でアドバイスしあう姿も見られます。

二人一組で読み聞かせ

④ Minori Reading Tree づくり

　学年末には1年間の集大成として絵本づくりをしています。やさしい英語に十分触れてきた生徒は，辞書も教員の助けも必要とせず，すらすらとやさしい英語で物語をつくることができます。内容もバラエティー豊かで，思わず引き込まれてしまうようなすばらしい作品が生まれます。

ORT 風に生徒が作った英語の絵本

(4) 多読と図書館アンケート

1年間多読した生徒のアンケート結果の抜粋です。

1. 稔ヶ丘図書館を利用する頻度は？
- 授業のみ 0%
- 毎日 9%
- 2日に1回 36%
- 3日に1回 9%
- 4日に1回 46%

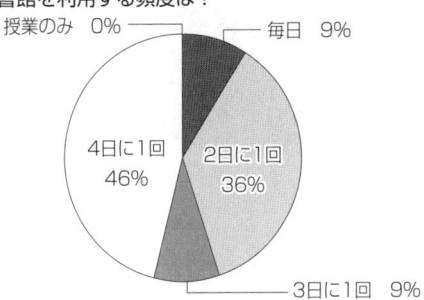

2. 多読部屋が図書館にあることをどう思いますか？
- あまり良くない 0%
- とても良い 45%
- 良い 55%

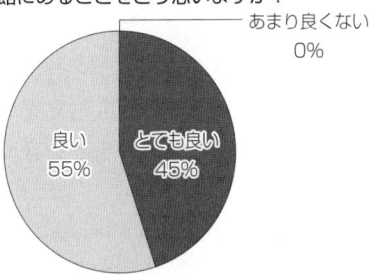

3. 授業で図書館に来たついでに本を借りたことは？
- ある 73%
- ない 27%

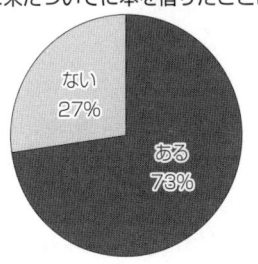

4. 多読した感想は？

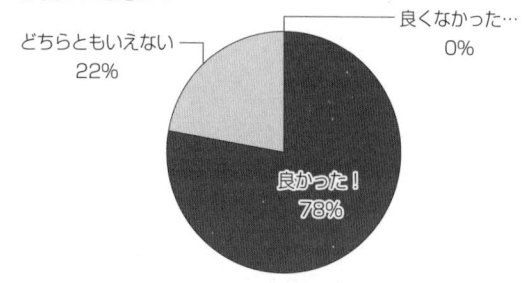

- 良かった！ 78%
- どちらともいえない 22%
- 良くなかった… 0%

【生徒のコメント】

★可愛い部屋，優しい音楽，アロマの香りでとても癒されて読書できました★図書館の中にあると静かだし，本を借りるついでに入りやすい★受講する前は英文を読むことに苦手意識があったけど，多読を始めてから英文に抵抗がなくなったのと少しずつだけど分かる単語も増えてきて嬉しかった★分からない部分はとばしてもいい！というのがとても気楽に参加できた！この授業をとってよかったと思う★楽しいし，雰囲気が好き★本の中で学んだ単語は忘れないような気がします★勉強としてより純粋に英語を楽しめた★外国の文化を知ることができた★英語の絵本に触れる機会はあまりないと思うし，おもしろい本ばかりだった

アンケート結果を見ると，生徒は多読と図書館の連携を自然に受け入れていることがわかります。多読部屋だけが独立していると本の管理や施錠面での問題が出てきますが，図書館内にあることで教員の目も届き，本の紛失はほとんどありません。生徒は図書館の本を借りるついでに多読の部屋に気

軽に立ち寄り、上手に利用しているようです。

(5) 都立学校公開講座での図書館活用

稔ヶ丘高校では「英語100万語多読講座」として夏と秋の年2回、一般を対象とした多読講座を開いています。受講生は中学生から70代までと幅広い年齢層で、受講動機も「孫に絵本を読んであげたい（70代女性）」から「TOEICの勉強に役立てたい（30代男性）」「なんとなくおもしろそうだから（10代女性）」とさまざまです。ほぼ全員が多読初心者のため、映像やスライド等も取り入れ「多読三原則」の紹介や、講師の酒井邦秀氏への質問コーナーなどを織り交ぜながら、和やかな雰囲気で進行しています。講義形式ではないため、最初は戸惑う様子も見受けられますが、講座最終日にはほとんどの人がコツをつかんで、多読のとりこになってしまいます。さまざまな知識や経験を持ち、勉強ではなく趣味として楽しむゆとりを持っているため、生徒よりも深く物語を味わえるようです。幸い講座の評判もよく、終了後も多読を続けようと思ってくださる人も多いのですが、残念ながら多読に適した本を安価で利用できる施設が非常に少ないのが現状です。お金をかけずに多読を続けるよい方法はないものか、そのような感想が毎回寄せられます。

(6) 図書館多読のススメ

稔ヶ丘高校の多読は、最初から大々的に行ってきたのではありません。始めはひっそりと少人数で、そのうちに協力してくれる人たちが増え、徐々に規模が大きくなり現在に至ります。理解ある司書の先生、管理職や英語科からのバックア

ップ，たまたま私が司書教諭と英語科教諭を兼任し，以前から多読授業をしていたことなどが絶妙のタイミングで重なり，図書館での多読授業が定着しました。実際に図書館で多読を行ってみると，教室で行うよりも数倍の効果があると実感しています。教室ではそわそわと落ち着かない生徒も，図書館の中にいると自然と本に向き合います。

　教室で多読をしていたときは買い物カゴに本を詰めこみ，腰痛に悩まされながら階段を使って往復していました。持ち運べる本の数に限りがあったり，教室全体が休み時間の雰囲気を引きずり，なかなか読書する雰囲気にならなかったりと課題が多かったのですが，図書館で多読をすることでそれらの課題がすんなりと解消されました。生徒は図書館と多読部屋を上手に使い分けており，授業時間は多読に集中し，休憩時間は図書館にある日本語の本や雑誌を見て気分転換をしているようです。私自身も生徒の読書傾向を把握でき，その知識は本をすすめる際に役立っています。また『図書館だより』に多読の本紹介を継続して載せたことで，英語科以外の教員にも多読が徐々に広まりつつあります。堅苦しく考えずに気軽に図書館に来て，ついでに多読部屋にも立ち寄ってみるくらいのゆるやかなスタンスが，本校には合っているのかもしれません。私自身も図書館で多読授業を行う機会を得たことに感謝し，司書の先生と協力し，図書館と連携し，さらに充実した多読活動を行っていきたいと考えています。

　（木場敬子：東京都立稔ヶ丘高等学校英語科主任教諭・司書教諭）

利用者の声
多読授業について

　授業が始まる前は棚に並んだ絵本の量に圧倒され，本当に自分が英語を読んでいけるのかとても不安でした。しかし授業の回数を重ねるにつれ，レベル別の色ラベルやシリーズ名を手がかりにして本を選ぶコツがわかってきて，英語で読んでいることを忘れるくらい物語に入り込めるようになりました。また，先生がパワーポイントを使い，毎週1～2冊絵本を紹介してくださる時間も，私はとても好きです。気がつかなかった本を知るよい機会になるし，何よりもその場にいるメンバーで同じお話を共有できるからです。私は何度か絵本を借りて家で読んだこともありますが，授業で読むときほどは集中できませんでした。多読は，仲間がいる場所で読むことや，飽きたらすぐ他の本を探せる環境で読むことが大切なのだと思います。

　稔ヶ丘の多読ルームは図書館の奥にあり，学校の中でひときわ静かで落ち着いた場所にあります。すぐ隣の司書室には司書の先生が常駐していて，気になることがあったり，本の紹介カードやPOPを書くための道具が欲しいときには，すぐ声をかけることができます。多読ルームでは図書委員会の活動もしていたのですが，カラフルな絵本に囲まれ，とてもリラックスした和やかな定例会を行うことができました。

　1年間経った今，多読を通して，自分の語彙力や英語力が上がったことを感じています。多読は，英語が生活の中で実際に使われている言語だということを思い出し，自分のスピードで無理なく楽しく学ぶことができます。

（布施木展子：都立稔ヶ丘高校4年）

公開講座受講生の感想

　稔ヶ丘高校の英語多読講座を受けたきっかけは，偶然からでした。改めて英語を勉強しようと勉強方法を調べた際に"多読"を知り，読書が好きな私には向いているかも，と公立図書館にある洋書を読んでみたもののむずかしく……というときに，区の講座一覧で開催を知り，さっそく申し込みました。

　講座は先生の説明やアドバイス，質疑応答に助けられながら，リラックスした雰囲気の中で好きな本を自由に選べて読め，大人に向いている勉強法だと感じました。

　多読用図書の部屋は，本屋さんのように新刊がたくさんある素敵な図書室の一角にあり，生徒さんの書いたPOPやぬいぐるみ，たくさんのなじみやすい洋書が並んだ本棚に囲まれた落ち着けるスペースです。本当にやさしい本を読むことに時間をかけることで，英語を読むことやわからない個所があることへの不安感が減り，抵抗なく読めるようになってきたと感じています。引き続き多読講座を活用しながら，洋書を読むことを楽しんでいきたいと思います。

（渡部　愛）

6章 図書館多読の可能性

6.0 はじめに

　2013年現在，図書館多読はまだ愛知県や東京都など一部に広がっている程度です。けれども，社会人や学校に少しずつ着実に広がっている気配はたしかにあります。2013年12月には，文部科学省が発表した報道資料の中で「多読」ということばが使われていました。おそらく文科省の公式文書で使われた最初の例でしょう。

　このまま広がれば，全国どこの公立図書館や学校図書館にも多読用図書と朗読CDが備えられ，利用者同士が互いに支え合いながら英語をはじめさまざまな外国語を身につけていく未来も，それほど極端な妄想ではないかもしれません。

　それでは，未来の図書館の役割，その中で多読が果たせる役割はどういうものでしょうか？

　学校の英語は試験のためにあると言ってよいでしょう。生徒や学生が英語の読書を楽しんだり，英語の映画を字幕や吹き替えなしに楽しんだり，大人になってから英語を実際の場面で使ったり，ということは考えていません。そしてその状況はすぐに変わるとは思えません。

　そういう子どもたちや大人たちが，近くの図書館や学校の図書館で英語だけでなく，さまざまな外国語で書かれた絵本

や冒険物語やファンタジーや朗読CDやDVDを楽しむ——そして図書館でたくさんの洋書を手にして楽しんだ作品について外国語や日本語で語り合ったり，感動した場面を思い出し合ったり，ともに伸びていく——これが図書館多読の未来だと思われます。

(酒井邦秀)

6.1 英語多読からtadokuへ，多言語多読へ

多読は読むことから始まりました。けれども，2002年以来多読を試した社会人は多読と同じ考え方（三原則）が聞くことにも，話すことにも，書くことにも利用できることを見つけました。多読三原則を一言で言えば，「お勉強するより楽しもう」の一言になります。これをtadokuと総称しています。

(1) 多読した人たちが聞き始めた！

多読はすでに普及初期に「聞く」ことに応用されました。多読を始めたら，以前は聞き取れなかった小説の朗読CDを「楽しむ」人たちが出てきたのです。おそらく多読三原則を利用して読んでいるうちに，聞くことについても聞き取れない部分を無視するようになり，内容が心に届くようになったのでしょう。

もう一つ，多読実践者が見つけたすばらしい方法があります。それは「聞き読み」といいます。これまではリスニングはきわめてむずかしいもので，英語上級者だけができることとされてきました。ところが「聞き読み」は非常に簡単です。朗読CDを聞きながら，読み上げている英文を目で追ってい

くのです。従来のリスニングと比べると、ほとんど「ずる」のようなものです。けれども、その後この「ずるい」方法が大きな効果を上げることがわかり、今ではあちこちの学校でも「聞き読み」を採用するようになりました。

聞き読みにはリスニングの敷居を下げる以外に、和訳する癖を直してくれるという利点もあります。続けているうちに、聞こえるままに英語を理解する癖がついて、遅かれ早かれ英文を見ずに耳からの英語が理解できるようになります。

同時に英語を読んで理解する速さが向上して、「読む」ことにもよい影響があります。多読から多聴へと広がって、その結果、多聴が多読に効果があるとわかったわけです。その意味でも、これからの図書館多読は、本とその朗読CDを一緒に貸し出す方向をめざしてほしいと考えています。

(2) 「話す、書く」もむずかしくない

「読む、聞く」が比較的自由にできるようになれば、「話す、書く」について多読の考え方を応用することは、ほんの一歩しか離れていません。けれども「話す、書く」、とくに「話す」はむずかしいことがわかりました。なんといっても、日本人は、「間違ってはいけない、まわりの人に恥ずかしい」という気持ちが先に立って、どうしても口が重くなり、ペンが鈍ります。

けれども、そうした顧慮を抜け出すにも多読の考え方は役に立ちました。幸い、多読している人たちは英語絵本や図書を楽しんでいるので、英語を話すのも書くのも、楽しんだ本については口が軽くなり、ペンが走ります。「NPO多言語多読」の講座、Skype読書会、英語Twitterの様子を見ると、英

語で「話す，書く」への発展は決してむずかしいことではないようです（その様子は「NPO多言語多読」のウェブサイトにある「多読フォーラム」で読むことができます）。

また，日本語多読はすでに世界各地の日本語学習者に広がっていて，その人たちの間ではtadokuということばが使われ始めました。そこで，しばらく前からわたし（酒井）はそんなふうに広がった「多読」をまとめて表現するために"tadoku"と書くようになりました。

多読からtadokuへの一つの典型として，2013年にはインターネット大学で講座をとって，小論文を提出する人まで現れました。これはインターネット上で講義を聴き，資料を読み，レポートを書くもので，海外の参加者と同じ速度のリスニング，リーディング，ライティングを要求されます。ずいぶんむずかしそうに思われるかもしれませんが，多読/tadokuで量のこなし方を身につけた人たちは，いかにも楽しそうに新しい冒険に乗り出しています。その報告も，同じウェブサイトで読むことができます。

(3) **多言語多読へ**

英語多読を始めた人たちの中には，英語だけでなくほかの外国語でも，多読用の図書や朗読CDやインターネット上の素材さえあれば多読できることを見つけた人たちがいます。言い換えれば，図書館は世界のあらゆる言語の多読を支援する場になりうるということになります。これまで英語多読から二つ目，三つ目の言語に発展した人はドイツ語，スペイン語，韓国語，中国語，フランス語などで多読を試しています。

(酒井邦秀)

6.2 スペイン語多読へ

　多読という方法は英語や日本語だけでなく、原理的にはどんなことばを身につけるにも役立つはずです。とはいえ、多読に適した図書や朗読CDは、どのことばでも簡単に入手できるわけではありません。

　その困難さをものともせず、英語多読で味をしめてほかのことばに向かった人たちがたくさんいます。これまで報告されているところでは、韓国語、スペイン語、中国語、ドイツ語、フランス語の多読に挑戦した人たちがいます。

　その中から、「NPO多言語多読」の活動の中では比較的活発なスペイン語多読の体験記を紹介します。筆者の川本かず子さんは日本語教師の経験が長く、日本語多読の成果をよく知っているのでスペイン語を多読で獲得しようとしました。

　けれども、そもそもスペイン語多読に向いた本の入手が非常にむずかしかったようです。英語でも多読用図書や朗読CDの入手は簡単ではありません。ほかの言語では永遠の課題でしょう。

　だからこそ、図書館が大きな役割を果たすことができるはずです。川本さんの体験は多読用素材の入手に関する苦労話です。

(1) なぜ、スペイン語で多読をやろうと考えたか

　日本語を教える側として、日本語を初めて勉強する学習者にも、「勉強」と考えないで、楽しくたくさんインプットすれば自然に覚えるからと日頃、指導しています。そして、その成果は十分目の当たりにしています。それでも、多読のルー

ルを守って続けていくことは本当はどうなのだろうか，楽なのか，それともむずかしいことがあるのか，実感したかったので，外国語を多読で学んでみることにしました。

まったく勉強したことがない言語を多読で獲得することができるかどうかを試したかったので，勉強したことのある英語は選びませんでした。世界には自分が知らない言語は膨大にありますが，一字も読めないのでは時間がかかりすぎます。

そこで，スペイン語だ！とひらめきました。なぜかというと，スペイン語は，アルファベットで，発音が楽そう，いい加減でも大丈夫そう，な気がしたからです。

(2) まず，何をしたか

東京・飯田橋に，スペイン語教室もレストランも本屋もあるセルバンテス文化センターという機関があります。まず，そこのガルシア・ロルカ図書館の会員になりました。

手当たり次第に0歳〜3歳児用絵本を借りて読みました。発音はわからないけど，絵が物語を語っているものはほぼ理解できました。

繰り返し出てくることばはいつの間にか覚えてしまいます。

しかし，絵本がそんなにたくさんあるわけではないので，しばらくすると，もう読める，わかる絵本がなくなってしまいました。それに音声がないので，体に落ちません。

そこで音声付きのやさしいレベルの本を探しました。ヨーロッパ統一スケールでの一番やさしいレベルAはありました。基礎レベルですが，これはむずかしすぎました。絵も少ないし，文が長いのです。

そんなとき，図書館で子ども用 Graded Readers を3冊見つ

けました。もっとほしいので、セルバンテス書店に問い合わせたところ、やっとレベル1から3まで、各4, 5冊セットの子ども用 Graded Readers がスペインで出版されているとの情報を得ました。注文、購入。ですが、音声がありません。スペイン語母語者に音声をつけてもらいました。もう一度、絵本も混ぜながら再スタート。インターネットでも歌やマンガなど見つけました。この時期は楽しくて歌なども一緒に歌っていました。マンガやアニメは実際にはレベル的に無理でしたが、音が楽しめました。しかし、どうもデジタル音痴、デジタル嫌いには、インターネットで探したり、保存したりするのが面倒で疲れて飽きてしまいました。

　絵本も、手元にあるもので読めるものは読んでしまいました。このあたりで、本探しに疲れ、私的にも忙しくなり、いつの間にか休止状態で今に至ります。

(3) なぜ、続けられなかったか
　多読には以下の三つが必要だと思います。

①大量のやさしい絵本
②多読三原則支援者
③仲間

　①は探して買って、探して買ってを繰り返すのでは、追いつきません。多読というには、読んでも読んでもまだあるよ、というくらい大量の本が、いつでもないとだめなのだと思います。デジタル嫌いだとさらに困難。まずは、大量の本を揃えてからのスタートでなければ続きません。

②の支援者にいたっては，誰もいませんでした。

　③の仲間は，始めようと思ったときに募った仲間がいましたが，なかなか会えないし，すでにかなり勉強している人ばかりで，集まって一緒に読むような仲間にはなれませんでした。

　今後は，まず本を集める，これは，③の仲間にも協力してもらおうと思っています。次に音声面を充実させたいです。そして，「NPO多言語多読」の事務所にスペイン語の棚をつくり，仲間を募り，できればひと月に1回でもよいので支援者に来ていただけたらというのが夢です。そこからのリベンジ，再スタートを考えています。もちろん，一般の図書館にももっとスペイン語のやさしい絵本があるとよいと思います。

（川本かず子：NPO多言語多読理事）

6.3 南カリフォルニア大学図書館における日本語多読文庫の取り組み

① はじめに

　南カリフォルニア大学は，学部生約18,000人・大学院生約22,000人の私立総合大学です。キャンパスには21の附属図書館があり，そのなかで筆者（バイアロック森）が日本語図書の司書を務めている東アジア図書館は，中国語・日本語・韓国語の資料を所蔵する専門図書館です。本稿では，この東アジア図書館でこれまでサービスが及ばなかった学部生に対して行った学習支援の実例――日本語多読文庫について，日本語講師による多読実践の概要とともに紹介します。

② 今なぜ図書館で多読か？

　近年，アメリカでは図書館を効果的な学習空間とするため，さまざまな学習支援整備の動きが進んでいます。この取り組みの根底には，元千葉大学教授の土屋俊氏が警告するように，情報の電子化がもたらす「誰も来ない図書館」という危機感があります[1]。東アジア図書館では，AV機器・ホワイトボード等の設備と無線LANが備わっているため，館内フロアは各種イベントや会議，個人・グループ学習の用途に活用され，研究者にはワークショップやセミナー等で利用されています。ここで注目したいことは，スペース利用だけの来館者が図書資料の利用者を上回っているということです。この現状を受けて，東アジア図書館では蔵書内容を再検討する必要に迫られました。図書のデジタル化が進む中で，図書館はどうあるべきか，コンテンツの工夫によって，学部生にも利用してもらえる東アジア図書館をどう構築していくか，その対策が求められました。その取り組みの一つが，これから述べる日本語多読文庫なのです。

（バイアロック森知子：南カリフォルニア大学東アジア図書館
日本語図書専任司書）

(1) 多読文庫の構築——日本語多読文庫とは何か

　東アジア図書館に日本語多読文庫を構築するにあたっては，以下の準備が必要でした。読書資料は，日本語多読を含む幅広い図書資料を日本学科生向けに長年収集している，マサチューセッツ大学アマースト校の東アジア研究司書シャロン・ドマイアー氏の図書館資料ウェブガイドや，日本語多読研究会（現「NPO多言語多読」）のウェブサイトを参考にしました。

また，日米の公立図書館を長年調査し，日本の図書館における情報サービスに関する研究者である筑波大学図書館情報メディア系の大庭一郎氏から，読書資料およびその配架について助言をいただきました。これらを参考に数十冊の多読用資料を購入し，2011年秋から日本語科講師との連携を進め，1年後の2012年秋に課外活動「多読クラブ」を支援する日本語多読文庫サービスを開始しました。大学の正規科目として多読講座が開講されることになった2013年秋までに，多読用資料は約500タイトルに増え，その購入費用約5,000ドルは約35,000ドルの図書館日本語資料年度予算から捻出しました。その後，多読用資料の予算と購入対象に関する基本的蔵書構築方針を作成し，これを蔵書リストとともにウェブで公開しています (http://libguides.usc.edu/content.php?pid=38436&sid=1779074)。

　当館の多読用資料は，日本語課程1学期履修以上の日本語能力がある学生を対象に，「NPO多言語多読」の日本語読本をベースとして絵本，小・中学生対象の読本シリーズ，一般読者向けのコミックやエッセイなどから構成されます。難易度があらかじめ設定されている日本語読本以外は，語彙，漢字，画像情報と文字の配分，文の長さや文字のサイズなどを基にして，日本語講師が1冊ずつ難易度を決定します。図書の発注・受入・支払業務は通常，専任の職員が代理店を通して処理しますが，このルートでは入手できない図書は，オンライン・ウェブサイトや近郊にある新古書店で，日本語講師が選書した図書をカード決済で購入し，直接図書館に運ぶこともあります。入荷した図書は，日本語講師が難易度マーカーを貼付した後に，当大学の目録・装備部署職員がアメリカ

議会図書館分類法に従って目録を作成し,図書館 OPAC や OCLC の WorldCat 総合目録から検索できるようになっています。当大学外の利用者のために,多読用資料は図書館相互貸借に対応しています。また,簡単に蔵書検索ができるように,難易度別検索についても,統合図書館システム部署と検討しています。

日本語多読を意味する Japanese Extensive Reading や,赤塚不二夫の文字が見えます

多読文庫は利用者に便利な参考図書・雑誌閲覧フロアに設置され,壁付2段の低書架に難易度別に配架されています。他の図書との混同や逸失を防ぐため,東アジア図書館資料管理業務職員が,閲覧フロア専用の参考書誌テープを背表紙に,そして多読文庫を示す青色シールを表紙に貼付しています。このほか,2部ずつ購入した日本語講師選定の基本コレクション180タイトルのうち,1部をブックカートに収め,コー

スリザーブ資料として，多読授業専用に同じ階の閉架室に保管しています。日本語多読クラブ，正規講座ともに閲覧フロアの8名収容のグループ学習室と18名収容のセミナールームで行われていますが，多読用資料は文庫スペースが限られるため，いずれ別の階にある開架書庫にも配架される予定になっており，全多読資料の効率的なナビゲートが今後の課題となります。

① 図書館多読の効果

　日本語多読文庫の試みは，どのような効果を学生や図書館にもたらしたのでしょうか。2013年秋学期多読講座の履修生を対象に行ったアンケート調査の結果から，その答えを探ってみたいと思います。計22名の学生が履修登録した初級・上級の2クラスから，多読体験がより豊富であると予想される上級クラスを選択し，授業最終日の2013年12月3日に出席した計12名に質問紙によるアンケート調査を実施しました。以下，調査結果を一部抜粋します。

「多読授業が図書館で行われることの利点と欠点は何ですか」
利点：静か・気が散らない・モチベーションが上がる・特別な環境であり心地よい・資料に手が届く・専用の学習室がある・専用資料がある
欠点：他の学生の存在が気になる

「多読文庫のどんな点を変えてほしいですか」
冊数とジャンルを増やす・ルビ付き漢字が多い本を増やす・

文字中心の本を増やす・マンガ以外の本を増やす・マンガを増やす・何も変えなくていい

「利用した多読資料はどうでしたか」
量も質もいい・いいコレクションだ・本の状態がいい・簡単な本をたくさん読んだ・面白かった・ルビが振ってあるのが役立った・怖い話が特に面白い・マンガをよく読んだ

「日本語多読には紙書籍と電子書籍のどちらが好ましいですか」
紙書籍（10名）：古い人間だから・読みやすい・元に戻るのが簡単である・ルビが振ってあるのがいい・日本の本はきれいだ・絵が美しい・本を手にするリアリティ感がある・電子書籍のまぶしさが嫌だ
電子書籍（2名）：どこでも読める・環境にやさしい・画像とテキストのコピーが簡単

　この調査は，多読講座の履修生が図書館での多読サービスに満足し，活発に図書資料を利用していることを示す結果といえるでしょう。実際の日本語能力の変化などは，日本語講師が後半のパートで言及しますが，この結果から，図書館多読が図書館に与える効果として，次の3点が挙げられます。
　第一に，図書館と大学の教育部局との協働です。今回の図書館多読の試みを通じて，図書館と日本語教育プログラムの連携基盤を構築することができました。ランゲージラボのような既成の外国語教育支援施設では十分に対応できない学習サービスを，図書館が提供することで，学部生への長期的な

学習支援を維持することができます。

図書館での多読授業の様子　みんな真剣です

　第二に，利用者像の多様化です。外国語課程は必須教養科目として，ほぼすべての学部のコアカリキュラムに含まれているため，日本語講座の履修生も年間延べ350名以上に上ります。図書館多読の導入によって，これらの日本語学習者（学部生）が新たに加わり，従来の利用者である日本研究者（大学院生・教授）とともに東アジア図書館利用者の全体像を構成構築していくことになります。日本語学習者と日本研究者が交流する場は，これまで大学内にもありませんでした。今後，日本語多読文庫を一つの接点として，両者の交流が進むことで，大学における日本研究も活発化することが期待されます。

　第三に，知の創造です。図書館多読は，図書館における知

の集積に貢献できるということです。未だ多くの課題が残っていますが，日本語教員による多読用テキストの編集が計画されています。また，当館の多読用蔵書リストは，日本語教育に実践利用される図書リストであり，これも新しい資料となります。北米の日本研究資料構築を支援する北米日本研究資料調整協議会（North American Coordinating Council on Japanese Library Resources: NCC）においても，学部生の日本語図書資料として日本語多読資料は注目され始めています。

② **長期戦略と図書館多読**

最後に，南カリフォルニア大学図書館の長期戦略計画と図書館多読の関係について述べておきます。当館は，2008年にその使命・将来構想・価値の理念に基づき，現行の戦略計画を策定しました。計画の中核となる7つの価値の一つに「場としての図書館」があります。図書館がこれまでの収納中心の空間から，利用者中心の機能空間へと，その役割を捉えなおし，そのための整備や利用促進を推進していこうという試みです。東アジア図書館の日本語多読は，図書館の伝統的役割——資料収集・保存・提供を再構築する中で，この価値を実践する戦略プロジェクトと言えるでしょう。

1) 土屋俊「誰も来ない図書館」『丸善ライブラリーニュース』復刊4号（2008年11月26日）

（バイアロック森知子）

(2) 日本語科にとっての図書館多読

　学生の読解力を伸ばしたい，自分の学びたい日本語を自分で計画して学ぶことのできる自律学習者を増やしたいと模索している中で，日本語多読研究会（現「NPO 多言語多読」）の活動に触れ，同じ頃，本学の東アジア図書館が日本語多読文庫の立ち上げにとりかかったことは，日本語科にとって実に幸いなことでした。

　2012 年 9 月から 2013 年 5 月まで，東アジア図書館内の学習室で週に 1〜2 時間，通算 28 回行った「日本語多読クラブ」の延べ参加人数は 174 名となりました。授業アンケートでは「皆で一緒に読む雰囲気がいい」「一人だとなんとなくサボってしまう。時間が決まっているのがいい」という答えが返ってきました。読書のための時間と場所を確保することの手ごたえを感じ，日本語多読を大学の正式な科目として開講できるよう申請し，「日本語多読Ⅰ」「同Ⅱ」のそれぞれ 2 単位の 2 科目を，2013 年秋学期から新規開講することができました。

　日本語多読講座は，週 1 回 100 分のクラスです。2013 年秋学期の履修者数は「日本語多読Ⅰ」が 8 名，「日本語多読Ⅱ」が 14 名でした。毎回約 30 分をシャドーイング，ブックトーク，読み聞かせ，自由作文などの活動に使います。その後の約 70 分は各自の多読の時間です。成績は「出席・読書記録・口頭ブックレポート（2 回）・期末プレゼンテーション（本の内容を演じるか，自作の物語を発表）・期末レポート提出」によって評価しました。学期末のアンケートの結果を見ると，3 か月強という短期間でも，読む速度や会話力などの日本語能力が伸びたことを実感している学生が多く，特に語彙や漢字については「文脈の中で見ることで記憶に残ったり理解した

りしやすい」という意見が多く見られました。「クラス終了後も自分のペースで日本語の本を読み続けたい」という回答が大多数を占め、「その他のコメント」では、このクラスで多読を楽しんだということがさまざまな表現で語られていました。

2013年の全米日本語教師会（Alliance of Association of Teachers of Japanese: AATJ）春季大会で、本学の多読クラブについての実践報告を行ったところ、さまざまな反響が寄せられ、現在米国内の7つの大学で日本語多読文庫の構築や、日本語多読クラブの活動が始まっています。図書館という場所、多読図書資料、そして多読者、この3者の相互作用で多読の恩恵を受ける学習者がますます増えていくことを期待しています。

（熊谷由香：南カリフォルニア大学東アジア言語学部
日本語科主任講師）

6.4 日本語学習者に新しい世界を開く日本語多読

(1) 日本語多読読み物の生い立ち

「NPO多言語多読」の前身である「日本語多読研究会」は、日本語教師が集まってつくった任意団体で、活動を始めたのは、英語多読が提唱されてまもなくの2002年のことでした。

英語の場合、語彙や文法をコントロールしたレベル別読みものが何百、何千冊とあって、それをやさしいものから読んでいくと、楽しみながら英語の力がつく、と聞いて、私たち日本語教師は、「目からウロコ」でした。実際に英語のやさしい本を手に取ってみると、絵を見ながら内容がわかってとてもおもしろい。達成感があるので、また次の本に手を出したくなります。よい循環ができると、楽しみながら無意識のう

ちに読めるレベルが上がってきて、読む力がついてくることが実感されます。

　それなら、日本語でもぜひ学習者に多読をすすめたいと思いました。ところが、日本語の場合、多読向きの本は当時、ほとんどありませんでした。絵本はかえってことばがむずかしいし、子どもっぽいと思われ、大人の日本語学習者に敬遠されがちです。そこで、まず本づくりを開始しました。レベル別の語彙や文法のリストをつくりつつ、物語の展開がおもしろい「桃太郎」や「浦島太郎」などの昔話や、芥川龍之介の小説や宮澤賢治の童話をリライトしたり、創作を書きました。何話かつくったところで、絵本や児童書やマンガも加えて、すぐに日本語学校で多読を授業に取り入れてみました。

日本語学校での多読の様子

(2) 日本語多読読み物の誕生

　すると，学生たちが実に生き生きと日本語の本を読み始めたのです。それまでの，文法と語彙を学習してそれを積み上げていくタイプの授業では，クラス全体で同じテキストを読みました。いわゆる「読解」授業です。新出語彙は，教師が解説したり，学生に調べさせたりしながら，精読をしていきます。ところが，多読は辞書を引かず，わからないことばも気にせず，読めるものから，楽しみながら読み飛ばすというまったく異なったアプローチをします。あくまでも教室の主役は教師でもなく，教科書でもなく，読み手自身。そして魅力的な本。この逆転の発想をした途端，日本語のおぼつかない学習者も，生き生きと本を楽しむようになり，みるみるうちに日本人と変わらぬ「本の読み手」になっていきました。これには，学生とともに，私たち教師のほうもすっかり夢中になってしまいました。

　2006年には，『レベル別日本語多読ライブラリー　にほんご　よむよむ文庫』（アスク出版）というレベル別読み物を刊行することができました。同時に「NPO法人日本語多読研究会」を発足させ，海外の学会で発表したり，普及のための講演会を開くなどの多読普及活動を本格的に始めました。2012年6月には，英語多読の活動と合流し，「NPO多言語多読」と名称を変え，再出発することになりました。

　『よむよむ文庫』はレベル0からレベル4までの5段階，小冊子を5，あるいは6作品収めたケースを1冊と数えると，14冊，73作品が出版されています。その他に，手づくり冊子が37作品あり，ウェブサイトを通じて販売しています（2014年8月現在）。

自費出版の冊子と「レベル別日本語多読ライブラリー」
（アスク出版）　中国，台湾，韓国版もあります

(3) 海を渡る日本語多読読み物

　少しずつ，この多読向け読み物が知られるようになり，特に海外では，「本を通して日本人や日本文化に触れられる」と好評です。多読の効果や必要性を感じてくれる先生もぽつぽつと出始め，2012年5月には，多読授業の指南書『日本語教師のための多読授業入門』（アスク出版）を上梓することができました。その中には，スペインのマドリード大学，フィリピンのインターナショナルスクール，セルビアのベオグラード大学，国内の日本語学校などの多読授業実践報告が上がっています。その後，福岡教育大学や岡山大学でも多読が取り入れられたり，6.3での報告にあるように，アメリカでの大学にも広まってきています。

(4) **日本語多読ボランティア講座**

　そんな中，日本語学校での多読授業と並行して，2009年1月から，新宿区の多文化共生プラザの部屋を借り，在日外国人のためのボランティア多読クラスを始めました（2013年3月終了）。ここに立ち寄ってくれるのは，働くために来日した人，日本人配偶者を持つ外国人，ワーキングホリデービザで来日した若者など，国籍も中国，韓国，台湾，ネパール，バングラディシュ，アメリカ，フランス，ベルギーなどさまざまですが，ほとんどがあいさつ程度の日本語，そして，ひらがながやっとできるくらいの人たちです。

　このクラスでは，そんな日本語の入口にいる学習者に，ただ，絵本や多読用読み物のレベル0や1を読むようにすすめます。ひらがなが読めなければ簡単な幼児絵本を一緒に読み，絵を指し示しながら，内容を理解してもらえるよう語りかけます。このとき，もちろん学習者の母語は使いませんし，使えません。子どもに絵本を読み聞かせるときとまったく同じで，ひたすらやさしい日本語で語りかけます。

　その段階を過ぎて，ひらがながわかり，簡単な動詞もいくつかわかって会話も少しできるぐらいになると，レベル0，1……と自分のペースで読んでもらいます。朗読音声を聞きながら，音と絵を頼りに本の世界を楽しむよう声かけをしながら誘導します。

　すると，やはりたいていの人がおもしろがってくれるのです。文法的説明は一度もしたことがありませんが，耳と目から入ってきた物語を理解して，上手に私たちに日本語で説明できるようになった人もいます（「NPO多言語多読」サイトのトップページ動画参照　https://www.youtube.com/watch?v=lDbg7

東京・新宿区の新宿多文化共生プラザでの多読クラス（2012年7月）

ON2mm4)。

　また，この方法は，在住歴数年から数十年という人にも絶大な効果を上げました。

(5) 在日4年，10年で初めて字が読めた！

　フィリピン人のRさんは，在日歴4年，日常会話はなんとかできるけれど，ひらがながやっと全部読めるか読めないか程度でした。最初は，本の文字を一つ一つ拾って読んでいましたが，朗読音声を聞きながら，だんだん文字を意味の塊で読めるようになりました。最初は，音声で話を楽しんでいたのですが，徐々に聞こえてくる音と目で追う文字が一致し始め，半年近く経つと，音声なしでレベル4の話を家で読んでくるようにまでなりました。同じ漢字でも読み方は何通りかあることにも自然に気がつき，簡単な漢字はふりがななしで

も読めるようになり、すっかり自信をつけました（「NPO多言語多読」サイトのトップページ動画（前出）参照）。

　同様に在日歴10年のウクライナ人のMさんも、4か月ほど多読することで、日本の文字になじみ、携帯メールを日本語で打てるようになりました。それまでは、町にある看板、配られるチラシ、広告、すべて日本の文字は自分には関係がないものと思い、まず、目を向けることすらなかったそうです。今では、買い物に行けば、商品を手にとり、「読んでみる」そうです。これがいかに生活を楽にしたか、後で喜びを語ってくれました。多読することで、日常に新たに一条の光が差し、世界が広がったのです。

　日本語は、ひらがな、カタカナ、漢字と文字が3種類もある、表記の面では世界でも珍しい言語です。外国人にとって読み書きのハードルがとても高いことばなのです。漢字、仮名交じり文の黒々とした様子を「怖い」と表現する外国人は少なくありません。必要に迫られて、耳からことばを覚えて日常生活を送っている人でも、読み書きまで手が回らず、文字に関してはあきらめてしまっている人がどんなに多いことか！　Mさんは、「文字がなかなか覚えられない自分はバカだから、と思っていた」と言いました。さらに「外国人はみんなそう思ってると思いますよ」とも。

　漢字の学習というと、ドリルを買ってきて、何回も書いて覚えようとする人がほとんどだと思いますが、何百もある漢字、そしてそれ以上にある読み方を覚えようとしても、なかなか覚えられるものではありません。漢字の習得も、語彙、文法同様、結局はどれだけ生きた場面と結びついた形で数多く触れているかが鍵になるはずです。

大量にことばに触れることができる「多読」は，日本語教育機関にももちろんですが，日本語との接触面の少ない海外，あるいは，読み書きの世界に入るきっかけを失っている在住外国人の日本語学習支援にもっと取り入れられてよい方法ではないでしょうか。

　私たちは上記の活動を続けて 12 年。多読授業には確かな手応えを感じていますが，その実施には困難を伴うのも事実です。それはおもに多読する本の問題です。本を揃える費用，そして管理し，置いておく場所。また，本を読む空間。多読にはこれが必須ですが，学校でも，ましてや公共施設の一室を借りて行うことが多いボランティア教室では，これがままならないのが悩みです。

　毎回の多読授業の準備は，一人一人の学習者の顔を思い浮かべ，興味やレベルに合った本を用意することに充てられます。購入できなければ図書館で探し，ときには団体貸出を利用して 100 冊，200 冊と借りてきます。それを旅行用カートに詰め，クラスまで運ぶのです。運んだ本の置き場所にもひと苦労です。貸出も行って，家でも読む習慣をつけたら，多読はますます効果を発揮しますが，ほとんどの場合，貸出はできていないのが多読授業の現状です。多読用読み物をつくっている立場としては，読み物をみなさんに買っていただきたいのはやまやまですが，学習者個人が大量の多読用読み物を購入するのにも限界があります。

　そこで，私たちが理想とするのが図書館での多読なのです。

(6) 理想の図書館多読

　実際に，福岡教育大学やベオグラード大学，南カリフォル

ニア大学（前出）では，図書館または図書室の空間の中で多読授業が実践されていますが，それが教育機関だけでなく，地域の図書館でも実現できたら，と願わずにはいられません（ベオグラード大学では，「にほんごでどくしょ」という活動を定期的に市立図書館で行っていて，学外の人も参加しているそうです）。

　日本には約 200 万人の外国人が住んでいるといいます。外国人留学生は 14 万人ほど。そのすべての人が日本語学習支援を必要としているわけではないでしょうが，逆に日本国籍を持っていても，海外で育ち，日本語学習支援を必要とする人たちもたくさんいます。

　図書館での多文化サービスは徐々に始まっていると聞きます。図書館に利用者の母語の本があることはもちろんですが，加えて日本語学習支援コーナーもあったら，在住外国人にとって図書館はさらに魅力的な場所になるのではないでしょうか。

　日本語の本がレベル別に並べてあって，日本語への入口が用意されていたら，外国人利用者も気負わずに日本語の世界を楽しむ読者に変貌していくことでしょう。英語や他の言語の多読を楽しむ日本人とまったく同じことです。図書館で多文化交流のイベントもできそうです。

　日本語教育関係者や地方自治体と協力し合って図書館が外国人利用者のために日本語多読支援サービスを行う——近い将来これが実現することを心から祈っています。

（粟野真紀子：NPO 多言語多読理事）

終わりに

　2002年に電気通信大学を訪ね，酒井さんの多読授業を見学した同僚の吉岡（電気・電子システム工学科教授）が，豊田工業高等専門学校に多読授業を導入してから11年以上が経ちます。学校創立以来低迷していた卒業生の英語運用能力を少しでも改善できるならと試みた種々の施策のうち，唯一うまくいったのが多読でした。多くの学生が，早期に英語への苦手意識を克服できただけでなく，多読授業を4～7年間継続した上級生は英語専攻の大学生平均に並ぶTOEIC得点を取るようになりました。さらに留学の準備や，帰国後の英語力保持・向上にも多読が有効なこともわかってきました。今では，多読授業は，グローバルな舞台での活躍を期待される技術者の卵の育成に不可欠なプログラムとして，本校教育の柱の一つになっています。

　このような多読の成果は，日常的には英語を使わない生活の中でも，頭の中では英語を使う環境をつくったからではないかと考えています。英語圏の高校に交換留学した高専生が日常的に英語を使い，滞在10か月で日常会話レベルの英語運用能力（平均TOEIC 600点程度）を身につけているのに対し，日常的に英語を使わない同級生は7年間25単位の英語教育を経ても苦手なままでした。伝統的な英語講読では授業中にも英語をあまり使いませんが，一部授業を All English に切り替えても，教室外で使わなければ英語の使用時間は伸びません。このギャップを埋めたのが，多読だと思います。

　読書中，わたしたちは物語の世界に入り込みます。そこで使わ

れることばが英語であれば，わかるときもわからないときも，英語で表現された世界に滞在し続けます。日本語があふれる日常生活からいったん切り離され，擬似的な英語の世界で，主人公たちと一緒に泣き，笑いながら，生活を送ることになるのです。このような英語体験は，「脳内」留学と称してもよいのかもしれません。

　多読を英語体験だととらえると，一定の体験量（読書量）が不可欠で，短期間では効果を期待できないことも，体験を中断して日本語があふれる日常生活に引き戻してしまう行為（たとえば，辞書をひく，構文を分析する）が，阻害要因になることも納得できます。英語に関する（語彙，文法）知識を貯えようとする意識が強くなりすぎたため，多読による英語体験が頻繁に中断され，効果を得られなかったという失敗例は，めずらしくありません。読書として楽しむことが，結果として英語力向上につながるのです。

　このように，多読による英語力向上のプロセスは，絵本や児童小説を通して日本語の本をたくさん読んだ小学生が，国語の好きな中学，高校生になるのとよく似ていることに気づかれるでしょう。本好きの小学生を強力に支援している図書館であれば，同様の手法で外国語の生涯学習を支援できるのです。ちびっ子コーナーに，やさしい絵本やたのしい物語を集めたように，やさしい英文絵本や読みやすい英文図書を集めた多読コーナーを設けます。それらを紹介するちらしをつくり，イベントを企画する手法もちびっ子コーナーの場合と同様です。地域のボランティアも募りましょう。

　多読コーナーの初期の利用者は，英語に関心のある大人になると思います。とくに学生時代に熱心に英語を学んだ人は，多読で（化石化しているかもしれない）英語の知識が活性化され，若者よりも早期に読書を楽しみ始めるケースも少なくありません。一定

数の大人が，図書館の多読コーナーを活用して英文読書を楽しみ始めると，次に仕事で必要に迫られた若者や大学生が関心を持つようになります。先に多読を始めた大人が，読み方のコツや，面白い本を紹介するしくみができると，若者も安心して始めることができるでしょう。今，始めれば2020年の「東京オリンピック」までに，気楽に英語を使える大人を増やすこともできるのではないかと思います。

　他方で，高校生や中学生が多読の可能性に気づくのには，少々時間がかかるかもしれません。英語の先生を含む，まわりの大人たちが多読とどのように向き合うかによるでしょう。長い目で変化を待ちたいと思います。

　本書を読まれたみなさんが，日本人の英語力を格段に向上させうる図書館の可能性に気づいていただけたなら，大変うれしく思います。

西澤　一

資料編

　図書館多読を始める，あるいは始めた多読支援をさらに進化させるのに役立ちそうな本やウェブサイトを紹介します。

1章　多読とは？——だれでも始められる
- 酒井邦秀『快読100万語！　ペーパーバックへの道』（筑摩書房，2002，ちくま学芸文庫）
「多読三原則」と絵本からの多読を提案した原点です。
- 古川昭夫，河手真理子著『今日から読みます英語100万語』（日本実業出版社，2003）
多読を実践する「普通の人」がつくった本です。豊富な書評は体験談としても参考になります。
- 酒井邦秀監修『記録手帳つき　やさしい多読・多聴最新ガイド』（学研，2012，Gakken Mook）
多読提案から10年間に蓄積された知識と知恵を簡潔にまとめています。
- NPO多言語多読サイト　http://tadoku.org
著者の所属するNPO多言語多読のサイトです。多読に関する研究・普及活動について日々更新されています。ブログや掲示板もあります。
- SSS英語学習法研究会サイト　http:www.seg.co.jp
多読の考え方はNPO多言語多読とは異なりますが，書評システムは本を選ぶ際に参考になります（後述）。
- 英語多読者向け図書館・書店マップ
gemini.so.land.to/cgi-bin/rmap3/index.html

2章　多読はどう始める？　どう進める？
- NPO多言語多読サイト　http://tadoku.org

    実際に多読している人の歩みや生の声を知るには「多読フォーラム」を参考にしてください（http://forum.tadoku.org/）。

- SSS英語学習法研究会サイト　http:www.seg.co.jp/sss/

    本を選ぶには「書評システム」を参考にしてください。

    http://www.seg.co.jp/sss_review/jsp/frm_a_130.jsp

- 古川昭夫ほか著『英語多読完全ブックガイド』（改訂第4版, コスモピア，2013）

    1万数千冊の本が表になっています。評判のよい本は巻頭に解説があります。ただし，語数や「YLレベル」を気にすると，多読の楽しみを減らしますから注意！

3章　図書館の役割
- 豊田工業高等専門学校サイト

    http://www.toyota-ct.ac.jp/intro/education/student_support/tadoku.html

    著者である西澤の勤務校，豊田高専のウェブサイトです。

4章　図書館多読——いま公立図書館では

5章　図書館多読——いま学校図書館では

この二つの章については，それぞれの図書館のウェブサイトを検索してください。本文（p.124）にもありますが，「tadoku navi」のウェブサイトは次のとおりです。

http://orchard.ee.toyota-ct.ac.jp/tadokunavi/index.php

6章　図書館多読の可能性

これも本文（p.160）にもありますが，南カリフォルニア大学の多読図書に関するウェブサイトは次のとおりです。

http://libguides.usc.edu/content.php?pid=38436&sid=1779074

事項索引

●アルファベット順

【A・B・C】

angry ……………………………… 25
Benson, Phil ……………………… 113
Black Cat Green Apple Readers …… 80
Cambridge English Readers
　……………………… 40, 61, 79, 80, 95
CD …… 36, 37, 38, 39, 40, 41, 42, 43,
　70, 71, 77, 78, 79, 80, 81, 82, 84, 87,
　90, 103, 107, 109, 115, 125, 151, 152,
　153, 154, 155
Cengage Page Turners ……………… 80
cross ……………………… 24, 25, 26

【D・F・G】

Dahl, Roald ……………………… 45
Facebook ………………………… 98
Foundations Reading Library … 80, 81
Graded Readers …… 35, 39, 42, 45, 49,
　61, 65, 68, 72, 73, 75, 77, 78, 80, 81,
　82, 86, 87, 98, 106, 107, 134, 156, 157

【H・I・L】

Harry Potter　→「ハリー・ポッター」
Holes ……………………………… 45
I CAN READ Books
　…………… 38, 45, 61, 80, 81, 87, 94
Leveled Readers …………… 35, 61, 80
Longman Literacy Land Story Street
　……………… 37, 45, 61, 76, 79, 81

【M・N】

Macmillan Readers
　………………………… 41, 61, 77, 79, 82
Magic Tree House ……… 43, 45, 62, 94
MARC ……………………………… 49
Nate the Great ……………… 42, 45, 78

【O】

OCLC ……………………………… 161
Oh, no! ……………………… 22, 23, 24
OPAC …………………………… 107, 161
ORT　→ Oxford Reading Tree
Oxford Bookworms Library
　……………… 39, 40, 61, 81, 106, 111

事項索引……… 181

Oxford Reading Tree ······· 20, 22, 27, 32, 33, 36, 37, 39, 45, 61, 75, 76, 77, 78, 79, 80, 81, 82, 83, 84, 87, 93, 95, 97, 99, 107, 110, 141, 144

【P・R・S】

Penguin Readers
　···· 40, 44, 61, 75, 77, 78, 81, 83, 87
POP ············· 59, 104, 143, 149, 150
Rainbow Magic ·········· 42, 45, 62, 77
Scholastic ELT Readers ············· 41
Skype ································ 153
Step Into Reading ····················· 38

【T・W・Y】

tadoku ·························· 152, 154
tadoku navi ········ 120, 121, 122, 123, 124, 125, 129, 180
TOEFL ································ 32
TOEIC ·········· 3, 5, 32, 129, 147, 176
Twitter ···························· 125, 153
WorldCat ····························· 161
YL ······ 36, 37, 38, 39, 40, 41, 42, 43, 44, 45, 46, 71, 78, 81, 91, 107, 110, 121, 122, 130, 180

●五十音順

【あ行】

愛知県 ········ 66, 71, 74, 75, 128, 151
アメリカンシェルフ
　················· 92, 93, 94, 95, 96, 97
暗記 ···················· 9, 15, 16, 17, 119
一宮市立豊島図書館 ················ 69
インターネット大学 ·········· 6, 7, 8, 154
英検 ·································· 3, 7
英語学習 ····· 12, 15, 17, 21, 95, 100, 124, 132
英語体験 ····························· 177
『英語多読完全ブックガイド』
　················· 36, 44, 71, 78, 93, 180
英語多読クラブ・岩手 ········ 114, 120
英語の読書 ······················ 7, 151
英語力ゼロ ····························· 3
英文多読コーナー ······ 67, 74, 76, 77, 78, 82, 85, 86, 88, 91, 95, 96, 97, 98, 100
英文読書 ········· 65, 66, 67, 130, 178
英文図書 ········ 64, 66, 67, 69, 71, 74, 75, 128, 129, 130, 133, 177
SSS 英語学習法研究会
　···························· 44, 179, 180
SSS 書評システム ······· 121, 179, 180
NPO 多言語多読 ······ iv, 2, 7, 11, 19, 29, 34, 36, 45, 51, 108, 153, 154, 155, 158, 160, 166, 167, 169, 171, 173, 179
NPO 日本語多読研究会
　················ iv, 160, 166, 167, 169
絵本 ······ 2, 5, 8, 9, 10, 18, 19, 20, 21, 22, 26, 27, 28, 29, 32, 33, 35, 36, 42, 65, 144, 156, 157

絵本の会 …………………………… 13
絵本の力 …………………………… 8
岡山大学 …………………………… 170
オフ会 ……………………………… 13
親子多読 ……………………… 29, 30

【か行】
『快読100万語　ペーパーバックへの道』……………… iii, 1, 16, 179
会話 ………………………………… 33
カウンター業務 …………………… 50
各務原国際協会
　……………… 91, 92, 93, 94, 96, 98
各務原市立中央図書館
　…………………… 34, 91, 96, 97
学習指導要領 ……………………… 127
学習者主体 ………………………… 116
貸出冊数 ……… 69, 70, 73, 131, 132
貸出，返却，検索用パソコン ……… 57
学校英語 ………………… 16, 74, 137
学校司書 ……………………… 54, 55
学校図書館 ……… 15, 47, 51, 52, 54, 55, 124, 126, 127, 151
学校図書館法 ……………… 54, 126
蒲郡市立図書館 ……… 66, 67, 69, 74
カーリル …………………………… 122
ガルシア・ロルカ図書館 ………… 156
韓国語 ………………… 154, 155, 158
聞き読み … 6, 103, 115, 134, 152, 153
クラッシェン，スティーブン ……… 113
「グローバル化に対応した英語教育改革実施計画」………… 1
検定教科書 ………………………… 28
公開講座 ……… 124, 129, 132, 133, 137, 147, 150
購入・整理 ………………………… 55
公民館 ……… 112, 113, 114, 115, 119
公立図書館 …… iv, 2, 15, 47, 48, 49, 50, 51, 64, 74, 76, 77, 89, 94, 98, 100, 113, 117, 118, 124, 125, 129, 150, 151, 160
語数 ……… 61, 65, 66, 67, 68, 71, 80, 122, 130
小牧市立図書館 ……………… 66, 74

【さ行】
挿絵本 ………………… 4, 5, 22, 43
シェルダン，シドニー …………… 62
司書 ……… 46, 47, 50, 51, 53, 55, 56, 62, 63, 76, 101, 127, 138, 148, 149, 158, 159
司書教諭 ………… 54, 127, 136, 148
字のない絵本 ……………………… iii
字幕なし …………………… 7, 151
シャドーイング ……… 6, 83, 115, 166
受験 ………………………………… 32
生涯学習 ………… 47, 74, 77, 129, 133
紫波町古館公民館 ………………… 118
新宿区立四谷図書館 …… 35, 47, 101
スペイン語 …… 154, 155, 156, 157, 158
スペイン語多読 …………………… 155
セルバンテス文化センター ……… 156

事項索引………183

センター試験 …………………… 5, 28, 32
全米日本語教師会 ………………… 167

【た行】

体験会 ……15, 83, 103, 110, 112, 133
多言語多読 ………………… 152, 154, 158
多読講座 …… 19, 29, 71, 82, 89, 114, 119, 147, 150, 162, 163
多読三原則 ……iii, 12, 14, 15, 17, 19, 52, 89, 95, 110, 147, 152, 157, 179
多読授業 ……… 17, 19, 129, 130, 131, 134, 137, 139, 140, 148, 149, 162, 164, 170, 171, 174, 175, 176
多読の三本柱 …………………………… 14
多読フォーラム …………… 13, 154, 180
多読用資料 ……77, 88, 160, 161, 162
多読用図書 ……… iv, 2, 35, 44, 45, 53, 56, 58, 60, 61, 62, 63, 66, 67, 68, 69, 70, 71, 72, 73, 74, 75, 76, 77, 78, 96, 117, 122, 124, 128, 129, 130, 131, 132, 133, 150, 151, 155
田原市中央図書館 …………… 72, 73
多文化サービス ……………………… 175
だれでも多読サークル ……… 103, 107
知多市立中央図書館 …… 35, 76, 90
中国語 ………………… 154, 155, 158
長文問題 ………………………………… 16
電気通信大学 ………… iv, 5, 83, 176
展示 ……………………… 58, 104, 105
電子書籍 ……………………………… 163
天満美智子 ………………………… 113

ドイツ語 …………………… 154, 155
東京都立府中東高等学校 ……… 51
東京都立稔ヶ丘高等学校
 …………………… 136, 137, 147, 150
読書記録 ………… 122, 123, 124, 125
読書相談 ………… 50, 55, 109, 131
読書相談会 ……………………………… 68
図書館サービス ……………………… 50
豊川市中央図書館 ………………… 74
豊田工業高等専門学校 ……… iv, 83, 120, 121, 123, 124, 125, 176, 180
豊田工業高等専門学校図書館
 ………………… 128, 129, 135, 136
豊田市中央図書館 ………… 70, 71
豊田多読クラブ ……………………… 133

【な行】

仲間 ………… 13, 14, 34, 91, 97, 98, 99, 100, 101, 112, 114, 116, 119, 121, 123, 124, 134, 135, 157, 158
『日本語教師のための多読授業入門』 ……………………………………… 170
日本語多読 ……… 154, 155, 162, 163, 166, 167, 169, 170, 171, 175
日本語多読文庫 ……… 158, 159, 160, 162, 164, 166, 167
ノンフィクション ……………………… 13

【は行】

場 ………………………………… 52, 53, 63
バーコード ……………………………… 57

「場所」と「場」	52, 54
パスファインダー	51, 109
「ハリー・ポッター」	19, 45, 62, 64
ビブリオバトル	109
福岡教育大学	170, 174
ブックトーク	101, 107, 116, 166
ブックトラック	57, 104
ブックリスト	105
フランス語	154, 155
プレゼンテーション	166
文法	iii, 3, 16, 45, 90, 168, 173, 177
ペーパーバック	4, 8, 10, 19, 42, 80, 81, 82, 85, 102, 117
ベオグラード大学	170, 174
北米日本研究資料調整協議会	165
母語	8, 17, 35, 37, 61, 171
母語環境	19

【ま行】

マドリード大学	170
マンガ	138, 157, 163, 168
南カリフォルニア大学	158, 159, 165, 174, 180
南カリフォルニア大学東アジア図書館	158, 159, 161, 164, 165, 166
面出し	60
文部科学省	1, 150

【や行】

やさしい絵本	2, 4, 29, 43, 45, 65, 133, 134, 177
読み聞かせ	1, 30, 59, 86, 94, 99, 104, 117, 140, 143, 144, 166
読みやすさレベル	36, 44, 45, 71, 78, 91, 107, 110, 121, 130, 135
よむよむ文庫	→『レベル別日本語多読ライブラリー　にほんご　よむよむ　文庫』

【ら・わ行】

利用者教育	50
リライト	168
離陸	42, 61, 62
レファレンスインタビュー	56
レファレンスサービス	50, 55
レフェラルサービス	50
『レベル別日本語多読ライブラリー　にほんご　よむよむ　文庫』	169, 170
レベル分け	43, 44, 45
朗読	6, 33, 36, 37, 70, 87, 90, 109, 129, 134, 136, 152, 153, 171, 172
和訳	16, 17, 19, 44, 64, 65, 67

著者紹介

■編著者

酒井邦秀（さかい　くにひで）
特定非営利活動法人多言語多読　理事長
2011 年 3 月，電気通信大学准教授を退職。2013 年 6 月より現職。
著書：『快読 100 万語　ペーパーバックへの道』（ちくま学芸文庫，2002 年），『教室で読む 100 万語』（神田みなみと共著，大修館書店，2005 年），『さよなら英文法　多読が育てる英語力』（ちくま学芸文庫，2008 年）など。

西澤　一（にしざわ　ひとし）
豊田工業高等専門学校電気・電子システム工学科　教授
専門は教育工学（特に数学教育へのコンピュータ支援）
2003 年から豊田高専の英語多読授業担当に加わる。
蒲郡市立図書館英文多読相談員
多読歴 12 年，累積読書量：1600 万語，多聴（オーディオブック）：400 冊（4400 時間）

■執筆者 (執筆順)

熊谷典子：新宿区立四谷図書館（指定管理者　紀伊國屋書店・ヴィアックス共同企業体）
米澤久美子：東京都立府中東高等学校司書
渡壁智恵，下村仁美，宮野ちえ：知多市立中央図書館
机　　恵：元各務原市国際協会
畠山廣子：紫波町古館公民館英語多読クラブ・岩手
吉岡貴芳：豊田工業高等専門学校電気・電子システム工学科　教授
木場敬子：東京都立稔ヶ丘高等学校主任教諭・司書教諭
川本かず子：NPO 多言語多読理事
バイアロック森知子：南カリフォルニア大学東アジア図書館日本語図書専任司書
熊谷由香：南カリフォルニア大学東アジア言語学部日本語科主任講師
粟野真紀子：NPO 多言語多読理事

視覚障害者その他活字のままではこの本を利用できない人のために，日本図書館協会及び著者に届け出る事を条件に音声訳（録音図書）及び拡大写本，電子図書（パソコンなど利用して読む図書）の製作を認めます。但し，営利を目的とする場合は除きます。

EYE LOVE EYE

◆JLA 図書館実践シリーズ　25
図書館多読への招待

2014 年 8 月 30 日　　　初版第 1 刷発行©

定価：本体 1600 円（税別）

編著者：酒井邦秀，西澤　一
発行者：公益社団法人　日本図書館協会
　　　　　〒104-0033　東京都中央区新川1-11-14
　　　　　Tel 03-3523-0811(代)　Fax 03-3523-0841
デザイン：笠井亞子
印刷所：㈲吉田製本工房　㈲マーリンクレイン
Printed in Japan
JLA201407　　ISBN978-4-8204-1404-9
本文の用紙は中性紙を使用しています。

JLA 図書館実践シリーズ　刊行にあたって

　日本図書館協会出版委員会が「図書館員選書」を企画して 20 年あまりが経過した。図書館学研究の入門と図書館現場での実践の手引きとして，図書館関係者の座右の書を目指して刊行されてきた。

　しかし，新世紀を迎え数年を経た現在，本格的な情報化社会の到来をはじめとして，大きく社会が変化するとともに，図書館に求められるサービスも新たな展開を必要としている。市民の求める新たな要求に対応していくために，従来の枠に納まらない新たな理論構築と，先進的な図書館の実践成果を踏まえた，利用者と図書館員のための出版物が待たれている。

　そこで，新シリーズとして，「JLA 図書館実践シリーズ」をスタートさせることとなった。図書館の発展と変化する時代に即応しつつ，図書館をより一層市民のものとしていくためのシリーズ企画であり，図書館にかかわり意欲的に研究，実践を積み重ねている人々の力が出版事業に生かされることを望みたい。

　また，新世紀の図書館学への導入の書として，一般利用者の図書館利用に資する書として，図書館員の仕事の創意や疑問に答えうる書として，図書館にかかわる内外の人々に支持されていくことを切望するものである。

2004 年 7 月 20 日
日本図書館協会出版委員会
委員長　松島　茂

図書館員と図書館を知りたい人たちのための新シリーズ！

JLA図書館実践シリーズ 既刊20冊，好評発売中

（価格は本体価格）

1. **実践型レファレンスサービス入門 補訂版**
   斎藤文男・藤村せつ子著／203p／1800円

2. **多文化サービス入門**
   日本図書館協会多文化サービス研究委員会編／198p／1800円

3. **図書館のための個人情報保護ガイドブック**
   藤倉恵一著／149p／1600円

4. **公共図書館サービス・運動の歴史1** そのルーツから戦後にかけて
   小川徹ほか著／266p／2100円

5. **公共図書館サービス・運動の歴史2** 戦後の出発から現代まで
   小川徹ほか著／275p／2000円

6. **公共図書館員のための消費者健康情報提供ガイド**
   ケニヨン・カシーニ著／野添篤毅監訳／262p／2000円

7. **インターネットで文献探索 2013年版**
   伊藤民雄著／197p／1800円

8. **図書館を育てた人々 イギリス篇**
   藤野幸雄・藤野寛之著／304p／2000円

9. **公共図書館の自己評価入門**
   神奈川県図書館協会図書館評価特別委員会編／152p／1600円

10. **図書館長の仕事** 「本のある広場」をつくった図書館長の実践記
    ちばおさむ著／172p／1900円

11. **手づくり紙芝居講座**
    ときわひろみ著／194p／1900円

12. **図書館と法** 図書館の諸問題への法的アプローチ
    鑓水三千男著／308p／2000円

13. **よい図書館施設をつくる**
    植松貞夫ほか著／125p／1800円

14. **情報リテラシー教育の実践** すべての図書館で利用教育を
    日本図書館協会図書館利用教育委員会編／180p／1800円

15. **図書館の歩む道** ランガナタン博士の五法則に学ぶ
    竹内悊解説／295p／2000円

16. **図書分類からながめる本の世界**
    近江哲史著／201p／1800円

17. **闘病記文庫入門** 医療情報資源としての闘病記の提供方法
    石井保志著／212p／1800円

18. **児童図書館サービス1** 運営・サービス論
    日本図書館協会児童青少年委員会児童図書館サービス編集委員会編／310p／1900円

19. **児童図書館サービス2** 児童資料・資料組織論
    日本図書館協会児童青少年委員会児童図書館サービス編集委員会編／322p／1900円

20. **「図書館学の五法則」をめぐる188の視点** 『図書館の歩む道』読書会から
    竹内悊編／160p／1700円